Martin Gartner

Eine Analyse von Finanzzeitreihen unter Verwendung von Copula-basierten Abhängigkeitsmaßen

D1670323

GRIN - Verlag für akademische Texte

Der GRIN Verlag mit Sitz in München hat sich seit der Gründung im Jahr 1998 auf die Veröffentlichung akademischer Texte spezialisiert.

Die Verlagswebseite www.grin.com ist für Studenten, Hochschullehrer und andere Akademiker die ideale Plattform, ihre Fachtexte, Studienarbeiten, Abschlussarbeiten oder Dissertationen einem breiten Publikum zu präsentieren.

Dokument Nr. V141663 aus dem GRIN Verlagsprogramm

Martin Gartner

Eine Analyse von Finanzzeitreihen unter Verwendung von Copula-basierten Abhängigkeitsmaßen

GRIN Verlag

Bibliografische Information Der Deutschen Bibliothek: Die Deutsche
Bibliothek verzeichnet diese Publikation in der Deutschen Nationalbibliografie;
detaillierte bibliografische Daten sind im Internet über http://dnb.ddb.de/
abrufbar.

1. Auflage 2007
Copyright © 2007 GRIN Verlag
http://www.grin.com/
Druck und Bindung: Books on Demand GmbH, Norderstedt Germany
ISBN 978-3-640-49169-8

Eine Analyse von Finanzzeitreihen unter Verwendung von Copula-basierten Abhängigkeitsmaßen

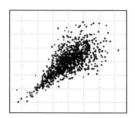
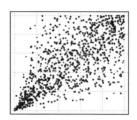

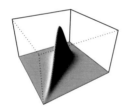

Diplomarbeit

verfasst an der Wirtschaftsuniversität Wien

von

Martin Christian Gartner

11. September 2007

In liebevoller Erinnerung an meinen Vater
Mag. Adolf Gartner

Inhaltsverzeichnis

Abbildungsverzeichnis

Tabellenverzeichnis

Kapitel 1

Einleitung

In der Analyse von Finanzzeitreihen sind die traditionelle Optionspreisbewertung nach Black und Scholes (1973) sowie die Portfolioselektion nach dem Mean-Variance-Ansatz nach Markowitz (1952) nach wie vor von Bedeutung. Diese Modelle beruhen jedoch auf Annahmen, welche Finanzzeitreihen bestimmte empirische Eigenschaften unterstellen.

Die erste Eigenschaft besagt, dass Zeitreihen von Renditen unabhängig und identisch (*iid.*) verteilt sind. Häufig wird deswegen der Einfachheit halber unterstellt, dass die Renditen einer Normalverteilung unterliegen. Desweiteren sollen keine systematischen Abhängigkeiten innerhalb der Zeitreihen von Renditen vorliegen. Sie dürfen also nicht autokorreliert sein und die Varianz sollte konstant sein.

Untersucht man beliebige Zeitreihen von Renditen auf das Zutreffen dieser Annahmen, so stellt man sehr schnell fest, dass nur selten all diese Eigenschaften gegeben sind. Im folgenden soll dies an vier Renditen aus dem deutschen Aktienindex DAX, nämlich den Renditen der Aktienkurse von Siemens, BMW, Bayer und BASF gezeigt werden. Bei den untersuchten Zeitreihen handelt es sich um Renditen von täglichen Aktienkursen beginnend am 4. September 2001 bis zum 9. Februar 2007.

Konstante Varianz: In Abbildung 1.1 sind die absoluten Renditen der untersuchten Zeitreihen dargestellt. Man erkennt auf den ersten Blick, dass die Volatilitäten und somit auch die Varianz nicht konstant sind. Es treten

1

Phasen mit höherer und Phasen mit niedriegerer Standardabweichung auf. In manchen Fällen könnte man diese Phasen in Cluster unterteilen, innerhalb welcher die Volatilität ähnlich groß ist. Somit wird bereits die erste der geforderten Eigenschaften von den untersuchten Zeitreihen nicht erfüllt.

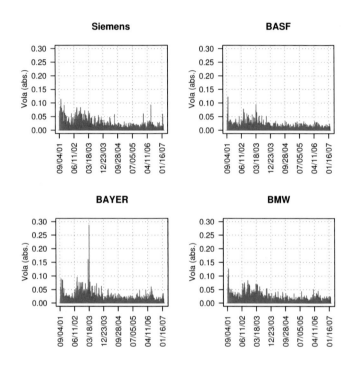

Abbildung 1.1: Absolute Renditen

Autokorrelation: In Abbildung 1.2 sind die Autokorrelationen der Zeitreihen dargestellt. Die strichlierten Linien stellen das Konfidenzintervall für $\alpha = 0.05$ dar[1]. Liegen alle Punkte innerhalb dieses Intervalls, so liegt keine signifikante Autokorrelation vor.

Aus den Autokorrelogrammen geht deutlich hervor, dass dieses Konfidenzintervall zu häufig überschritten wird. Bei der Betrachtung von 30 Lags,

---

[1]Voraussetzung für die Gültigkeit dieses Intervalls ist eine konstante Varianz!

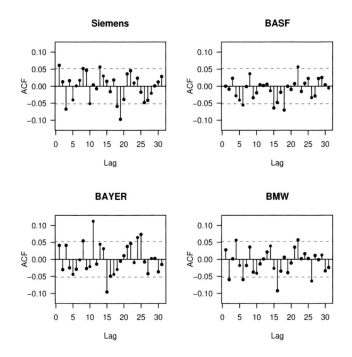

Abbildung 1.2: Autokorrelogramme der untersuchten Zeitreihen

dürfte die Autokorrelation das Konfidenzintervall nämlich nur ein- bis zweimal (genau 1.5-mal) überschritten werden, sofern die Daten identisch und unabhängig verteilt sind. Somit muss davon ausgegangen werden, dass die Zeitreihen autokorreliert sind und eine weitere der geforderten Eigenschaften nicht erfüllt ist.

Normalverteilung: Auch die Unterstellung einer Normalverteilung trifft auf die betrachteten Renditen-Zeitreihen nicht zu. Dies wird deutlich, wenn die Histogramme mit der Dichte der entsprechenden Normalverteilung verglichen werden. Diese sind in Abbildung 1.4 dargestellt. Die strichlierte, grüne Linie stellt die theoretische Dichte der entsprechenden Normalverteilung dar.

Abbildung 1.4 zeigt, dass sich die empirischen Daten im Vergleich zur Dichte der Normalverteilung stark um den Mittelwert konzentrieren. Daher wird die Kurtosis der Daten höher sein als jene der Normalverteilung. Auch eine geringe Schiefe ist erkennbar. Führt man einen Test auf Normalverteilung der Daten durch, zum Beispiel einen Jarque-Bera-Test, so muss man die Nullhypothese, welche normalverteilte Daten unterstellt, ablehnen. Eine Zusammenfassung dieser Daten ist in Tabelle 1.1 dargestellt.

	Siemens	BASF	BAYER	BMW
Schiefe	0.252	0.257	1.336	0.036
Kurtosis	5.900	8.435	28.015	7.415
Jarque-Bera Teststatistik	515.052	1 769.696	37 536.678	1 158.097
Jarque-Bera p-Wert	0.000	0.000	0.000	0.000

Tabelle 1.1: Test auf Normalverteilung

Werden nun dennoch normalverteilte Renditen unterstellt, so besteht das Problem, dass die breiten Schwänze *(fat tails)* der empirischen Daten im Zuge der Optionspreisbewertung oder anderer Anwendungen nicht berücksichtigt werden. Dies hat zur Folge, dass beispielsweise im Risikomanagement der *Value at Risk (VaR)* bei Unterstellung normalverteilter Renditen in der Regel unterschätzt wird. Betrachtet man beispielsweise die Zeitreihe Siemens in Abbildung 1.4, so beträgt der VaR bei $\alpha = 0.01$ (in der Folge mit VaR(0.01) abgekürzt) unter Zuhilfenahme des empirischen Quantils 0.0565. Unterstellt man normalverteilte Renditen und berechnet man den VaR bei $\alpha = 0.01$ mit Hilfe der passenden Normalverteilung, so beträgt der VaR(0.01) 0.0483. Der VaR(0.01) wird also durch Unterstellung der Normalverteilung unterschätzt, was im Risikomanagement gefährliche Folgen haben kann.

Um diese Abweichung in den Schwänzen zu verdeutlichen, sind in Abbildung 1.3 die QQ-Plots dargestellt, in welcher die empirischen Quantile mit jenen der theoretischen Normalverteilung verglichen werden.

Wie aus den oben gezeigten Beispielen hervorgeht, können die gewünschten Eigenschaften empirisch nicht nachgewiesen werden[2]. Deshalb ist es notwendig, komplexere Eigenschaften und Abhängigkeiten zu unterstellen. Dazu sind zwei Schritte notwendig: Zunächst muss eine alternative Verteilung für

---

[2]Für eine detaillierte Diskussion der empirischen Eigenschaften von Finanzzeitreihen sei auf McNeil u. a. (2005) S. 166 ff und Brooks (2002) S. 179 f verwiesen.

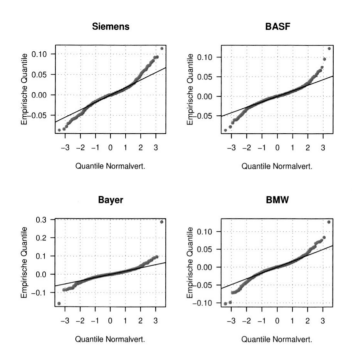

Abbildung 1.3: QQ-Plots der Zeitreihen

die Renditen-Zeitreihen definiert werden und im zweiten Schritt muss die jeweilige finanzwirtschaftliche Problemstellung (zB Optionspreisbewertung) auf Basis der alternativen Verteilung gelöst werden[3].

Im univariaten Fall kann man dies durch die Verwendung anderer Verteilungen erreichen. So werden in der Forschung gerne *hyperbolische Verteilungsfunktionen* verwendet. Hierbei handelt es sich um parametrische Verteilungsfunktionen, die adäquat an die vorhandenen Daten angepasst werden können. Eine Motivation zur Verwendung hyperbolischer Verteilungsfunktionen wird in Prause (1997) und Aas und Haff (2005) gegeben. Tiefergehende Analysen werden beispielsweise in Eberlein und Keller (1995) und Eberlein (2001) beschrieben.

An die untersuchten vier Zeitreihen von Renditen wurde eine sekant hyper-

---

[3]In dieser Arbeit wird nur der erste Schritt, nämlich die Suche nach alternativen Verteilungen diskutiert.

5

bolische Verteilung mit zwei Parametern angepasst. Die Histogramme der Zeitreihen und die angepassten Dichten sind in Abbildung 1.4 dargestellt. Man erkennt deutlich, dass die Konzentration der Daten um den Median und somit auch die breiten Schwänze der empirischen Verteilung durch die durchgezogene Linie, welche die sekant hyperbolische Verteilung darstellt, besser beschrieben werden als durch eine Normalverteilung, welche strichliert dargestellt ist.

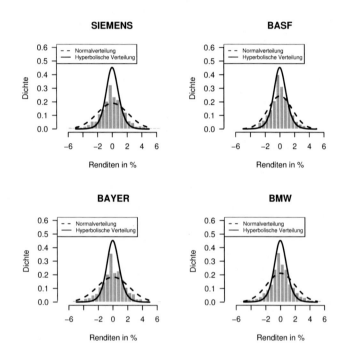

Abbildung 1.4: Histogramm mit theoretischen Dichtefunktionen

Im univariaten Fall ist also die Verwendung parametrischer Verteilungsfunktionen eine mögliche Lösung für die Darstellung komplexer Strukturen. Wird aber beispielsweise ein Portfolio mit mehreren Instrumenten betrachtet, so wird trotzdem sehr häufig eine multivariate Normalverteilung unterstellt. Dies kann aber wiederum zu Fehlern führen.

Möchte man beispielsweise den VaR eines Portfolios berechnen, so wird man diesen durch die Annahme einer multivariaten Normalverteilung so wie im eindimensionalen Fall nicht mit gewünschter Genauigkeit ermitteln können. Der Versuch, die VaR-Werte der Randverteilungen zu addieren, ist auch nur gerechtfertigt, wenn die Instrumente des Portfolios unabhängig sind, was aber in der Regel nicht der Fall sein wird.

Um hingegen eine exakte Lösung für den VaR des Portfolios zu erhalten, müsste wiederum die gemeinsame Verteilungsfunktion bekannt sein, welche aber sehr komplex aussehen kann.

Zur Lösung dieser Probleme bedient man sich in der Forschung vermehrt der Theorie der *Copulae*. Eine *Copula* verbindet die Informationen über die Abängigkeit von Zeitreihen mit Informationen über die Randverteilungen der einzelnen Datenreihen zu einer multivariaten Verteilungsfunktion. Dadurch kann mit Hilfe einer *Copula* die gemeinsame Verteilung vergleichsweise einfach geschätzt und dargestellt werden. Eine detaillierte Beschreibung zu der Theorie erfolgt in Kapitel 3.

Da eine *Copula* nur von den Randverteilungen abhängt, wird die Abhängigkeitsstruktur der gemeinsamen Verteilung alleine durch die *Copula* beschrieben. Kennt man also die Randverteilungen und die Abhängigkeitsstruktur (*Copula*), so kann man die gemeinsame Verteilung mit Hilfe der *Copula* darstellen.

Diese Abhängigkeitsstruktur, die sehr komplex sein kann, kann mit Hilfe nicht-linearer Abhängigkeitsmaße beschrieben werden. Somit können Modelle untersucht werden, welche eine viel komplexere Abhängigkeitsanalyse erlauben als der Standardansatz. Ob diese Modelle für die Lösung finanzwirtschaftlicher Probleme geeignet sind, muss in weiterer Folge untersucht werden. Ziel dieser Arbeit ist lediglich die Diskussion von alternativen Verteilungsfunktionen.

Der weitere Text ist folgendermaßen gegliedert: Im Kapitel 2 wird die Theorie des Korrelationskoeffizienten kurz dargestellt. Durch eine grafische Analyse von Zeitreihen mit ähnlicher Korrelation aber unterschiedlicher Abhängigkeitsstruktur wird die Diskussion über die Nachteile der linearen Korrelation begonnen und somit der Einsatz von nicht-linearen Abhängigkeitsmaßen gerechtfertigt.

Um die hier verwendeten nicht-linearen Abhängigkeitsstrukturen verstehen zu können, wird im Kapitel 3 eine Einführung in die Thematik der Copulae gegeben. Im Kapitel 4 werden nicht-lineare Abhängigkeitsmaße besprochen.

Da die Berechnung der Abhängigkeitsmaße sehr stark von der gewählten Copula abhängt, wird im Kapitel 5 noch eine Übersicht gegeben, wie die zu den vorhandenen Daten passende Copula geschätzt werden kann. Die Theorie soll durch ein Beispiel verständlicher gemacht werden.

Im Kapitel 6 wird die besprochene Theorie mit Beispielen untermauert. Hierzu wird eine empirische Analyse eines Datensatzes durchgeführt. Kapitel 7 fasst die Ergebnisse dieser Arbeit zusammen.

Hinweise zur verwendeten Notation mathematischer Symbole und eine Erläuterung einiger wichtiger Begriffe im Zusammenhang mit der vorliegenden Arbeit sind im Appendix angeführt.

Kapitel 2

Der lineare Korrelationskoeffizient

Der lineare Korrelationskoeffizient nach Pearson ist in der Praxis des Portfolio- und Risikomanagements nach wie vor von dominanter Bedeutung für die Beschreibung von Abhängigkeiten zwischen verschiedenen Finanzinstrumenten. Basierend auf der Unterstellung von normalverteilten Renditen ist diese lineare Abhängigkeitsbeschreibung beispielsweise auch für die Portfoliooptimierung nach Markowitz (1952) ausschlaggebend. Auch im *Capital Asset Pricing Modell (CAPM)* und der *Arbitrage Pricing Theory (APT)* ist die Korrelation nach Pearson fundamental.

Nichtsdestotrotz wird der Korrelationskoeffizient häufig missverstanden. Es wird häufig missachtet, dass die Interpretation der linearen Korrelation auf der Annahme einer multivariaten Normalverteilung basiert. Wie jedoch schon in der Einleitung angedeutet worden ist, widersprechen Finanzzeitreihen sehr häufig diesen Einschränkungen, was die Interpretation der linearen Korrelation sehr erschwert. Bevor jedoch die Probleme aufgezeigt werden, sollen in der Folge zunächst die theoretischen Grundlagen diskutiert werden.

9

2.1 Theoretische Grundlagen

An dieser Stelle sei erwähnt, dass angenommen wird, dass der Leser mit den Grundlagen der Statistik und den elementaren Begriffen der Stochastik sowie deren üblichen Notation vertraut ist. Einige wichtige Konzepte werden in Appendix A wiederholt.

2.1.1 Definition des Korrelationskoeffizienten

Betrachtet man zwei reelle Zufallsvariablen X und Y mit endlichen Varianzen, so beschreibt der Korrelationskoeffizient nach Pearson die Richtung und die Stärke der linearen Abhängigkeit dieser beiden Zufallsvariablen.

Definition 2.1. *Der lineare Korrelationskoeffizient zwischen X und Y ist mit*

$$\rho(X, Y) = \frac{\text{Cov}[X, Y]}{\sqrt{\mathbb{V}[X]\mathbb{V}[Y]}} \qquad (2.1)$$

gegeben, wobei $\text{Cov}[X, Y]$ *die Kovarianz mit* $\text{Cov}[X, Y] = \mathbb{E}[XY] - \mathbb{E}[X]\mathbb{E}[Y]$ *darstellt und* $\mathbb{V}[X]$ *und* $\mathbb{V}[Y]$ *die Varianz von X bzw. Y ist*[1].

Liegt perfekte lineare Abhängigkeit vor, so gilt $|\rho(X, Y)| = 1$. In diesem Fall gilt für alle $a \in \mathbb{R}$ außer $a = 0$ und für alle $b \in \mathbb{R}$ $\mathbb{P}[Y = aX + b] = 1$. Das Vorzeichen von $\rho(X, Y)$ beschreibt die Richtung der linearen Abhängigkeit, der Koeffizient selbst erklärt die Stärke. Ist keine lineare Abhängigkeit gegeben, so ist $\rho(X, Y) = 0$, weil auch $\text{Cov}[X, Y] = 0$ ist. Hier muss aber angemerkt werden, dass im Allgemeinen eine Korrelation von null nicht unbedingt Unabhängigkeit der beiden Zufallsvariablen unterstellt. Wann dies gilt, wird im Folgenden diskutiert.

2.1.2 Einschränkungen der Korrelation

Das soeben beschriebene Problem weist bereits darauf hin, dass die Berechnung und Interpretation der Korrelation nach Pearson einigen Einschrän-

---

[1]Vgl. Appendix A.

kungen unterliegt[2].

Zunächst ist die Berechnung des Korrelationskoeffizienten nicht möglich, wenn die Varianzen $\mathbb{V}[X]$ und $\mathbb{V}[Y]$ nicht endlich sind. In der Praxis ist dieses Problem jedoch nachrangig, weil nur endliche Stichproben von Zeitreihen von Aktienrenditen betrachtet werden. Diese endlichen Stichproben werden nie unendliche Varianzen aufweisen. Dennoch gibt es Verteilungen, welche unendliche Varianzen aufweisen. Dieser Fall kann eintreten, wenn Verteilungen mit besonders breiten Schwänzen betrachtet werden. Embrechts u. a. (1999) bringen als Beispiel zwei Zufallsvariablen, die einer t-Verteilung mit zwei oder weniger Freiheitsgraden folgen.

Eine Einschränkung, die in der praktischen Anwendung häufiger zu Interpretationsproblemen führt, ist der Unterschied zwischen Unabhängigkeit und Unkorreliertheit. Im Allgemeinen gilt, dass Unabhängigkeit zwischen zwei Zufallsvariablen X und Y auch Unkorreliertheit mit $\rho(X, Y) = 0$ impliziert; eine Korrelation von $\rho(X, Y) = 0$ hingegen ist kein Beweis dafür, dass Unabhängigkeit zwischen den Zufallsvariablen vorliegt.

Beide Richtungen dieser Interpretation gelten nur, wenn sowohl die Randverteilungen als auch die gemeinsame Verteilung einer identischen elliptischen Verteilung entsprechen. Wie in der Einleitung jedoch schon gezeigt worden ist, widersprechen Randverteilungen als auch die gemeinsame Verteilung empirischer Daten sehr häufig den Einschränkungen elliptischer Verteilungsfunktionen.

Werden lineare, streng monoton steigende Transformationen der Zufallsvariablen X und Y betrachtet, so bleibt die Korrelation invariant. Es gilt also für jede lineare, streng monotone Transformation, dass

$$\rho(X, Y) = \rho(\alpha + \beta X, \gamma + \delta Y) \qquad (2.2)$$

ist, und zwar für $\alpha, \gamma \in \mathbb{R}$ und für $\beta, \delta > 0$.

Betrachtet man aber eine streng monoton steigende Transformation $F : \mathbb{R} \mapsto \mathbb{R}$, die nicht linear ist, so ist der Korrelationskoeffizient in

---

[2]Vgl. Embrechts u. a. (1999)

der Regel nicht invariant und es gilt

$$\rho(X, Y) \neq \rho(F(X), F(Y)). \tag{2.3}$$

Von einem Abhängigkeitsmaß, das auch komplexe Abhängigkeitsstrukturen abbilden kann, wird man jedoch fordern, dass es auch unter komplexeren, nicht-linearen Transformationen invariant ist. Daher ist die Beschränkung des Korrelationskoeffizienten auf lineare, streng monotone Transformationen von wesentlicher Bedeutung.

2.2 Probleme der Korrelation

Die soeben dargestellten Einschränkungen beruhen lediglich auf der Definition des Korrelationskoeffizienten. In diesem Abschnitt sollen nun Probleme bei der Interpretation der Korrelation diskutiert werden.

Werden Entscheidungen trotz der definitionsgemäßen Einschränkungen nur auf Basis der linearen Abhängigkeit getroffen, so birgt dies große Gefahren. Betrachtet man Abbildung 2.1, so erkennt man sehr schnell die Probleme. Es handelt sich hierbei um 1,000 bivariate Zufallszahlen mit standardnormalen Randverteilungen. Die Korrelation in den vier Bildern ist ähnlich groß, nämlich $\rho \approx 0.7$, allerdings erkennt man deutliche Unterschiede in der Abhängigkeitsstruktur[3]. Die eingezeichneten Linien entsprechen den Quantilen $\alpha = (0.01, 0.99)$ der Randverteilungen. Der Algorithmus, der zur Erzeugung von Zufallszahlen mit gleicher Verteilung und gleicher Korreltation verwendet worden ist, ist in McNeil u. a. (2005) und Embrechts u. a. (1999) beschrieben.

Betrachtet man das Bild, in dem die gemeinsame Verteilung einer Gumbel-Copula[4] entspricht, so erkennt man die Tendenz, dass extreme, hohe Realisierungen der Zufallsvariable X dann auftreten, wenn auch extreme, hohe Realisierungen der Zufallsvariable Y auftreten und umgekehrt. Dieses Phänomen wird als *Upper Tail Dependence* bezeichnet.

---

[3]Um die gleiche Korrelation zu erhalten, sind die folgenden Parameter bei der Generierung der Zufallszahlen verwendet worden; Gauss Copula: $\rho = 0.7$, Gumbel Copula: $\alpha = 2$, Clayton Copula: $\alpha = 2.2$, t-Copula: $\rho = 0.7$, $\nu = 4$.

[4]Vgl. Kapitel 3.5.

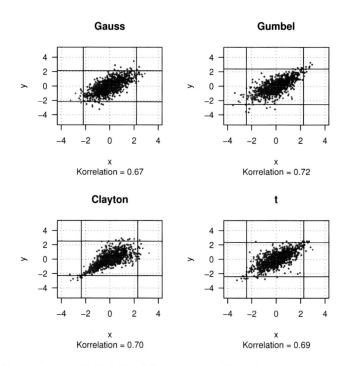

Abbildung 2.1: 1,000 Zufallszahlen von zwei Verteilungen mit standardnormalen Randverteilungen, gleicher Korrelation, aber unterschiedlicher Abhängigkeitsstruktur

Folgt die gemeinsame Verteilung der Realisierungen einer Clayton-Copula, so liegt *Lower Tail Dependence* vor. Dies bedeutet: Extreme, niedrige Realisierungen von X treten dann auf, wenn auch Y extreme, niedrige Werte annimmt und vice versa. Dies ist jene Situation, die im Risikomanagement sicherlich nicht erwünscht ist.

Liegt eine bivariate Normalverteilung vor, so ist keine Tendenz zum gemeinsamen Auftreten von extremen Werten erkennbar. Bei einer bivariaten t-Verteilung liegt schon eine etwas stärkere Tendenz vor. Wie diese *Tail Dependence* tatsächlich gemessen werden kann, wird in Kapitel 4.4 diskutiert.

Wie aus Abbildung 2.1 hervorgeht, ist der lineare Korrelationskoeffizient nicht ausreichend, um komplexe Abhängigkeitsstrukturen abzubilden und

13

somit ist der Einsatz von alternativen Abhängigkeitsmaßen gerechtfertigt. Solche Alternativen zum Korrelationskoeffizienten nach Pearson werden in Kapitel 4 diskutiert. Bevor aber die Basis für die Einführung dieser Maße erläutert wird, sollen aufgrund der großen Bedeutung und weiten Verbreitung der linearen Korrelation zunächst einige Punkte diskutiert werden, die häufig zu Fehlschlüssen im Zusammenhang mit dem Korrelationskoeffizienten führen.

2.3 Fehlschlüsse auf Basis der Korrelation

McNeil u. a. (2005) diskutieren zwei Fehlschlüsse, Embrechts u. a. (1999) erweitern diese beiden um ein weiteres Interpretationsproblem. Diese werden im Folgenden dargestellt:

Fehlschluss 1. *Die Randverteilungen und die paarweise lineare Korrelation eines Vektors mit Zufallszahlen bestimmen die gemeinsame Verteilung der Zufallsvariablen.*

Diese Aussage ist nur korrekt, wenn man die Betrachtung auf eine multivariate Normalverteilung bzw. eine elliptische Verteilung beschränkt. Hier ist außerdem zu erwähnen, dass normalverteilte Randverteilungen nicht zwingend eine multivariate Normalverteilung als gemeinsame Verteilung implizieren.

Abbildung 2.1 zeigt vier Bilder, in denen die Korrelation ident ist und alle Randverteilungen standardnormalverteilt sind. Trotz identer Korrelation und trotz gleicher Randverteilungen kann die gemeinsame Verteilung verschiedene Abhängigkeitsstrukturen aufweisen. Somit ist gezeigt, dass die Randverteilungen und die paarweise Korrelation die gemeinsame Verteilung nicht zwingend bestimmen.

Fehlschluss 2. *Sind die Randverteilungen $F_1, F_2, \ldots, F_n$ gegeben, so kann man durch eine geeignete Anpassung der gemeinsamen Verteilungsfunktion F alle linearen Korrelationen aus dem Intervall $\rho \in [-1, 1]$ erreichen.*

Die getroffene Aussage ist wieder nur korrekt, wenn man sich auf ellipti-sche Randverteilungen mit einer elliptischen gemeinsamen Verteilung be-schränkt. Im Allgemeinen ist die Behauptung aber falsch, denn die Korre-lation hängt hauptsächlich von den Randverteilungen ab.

Es kann aber ein Intervall $[\rho_{min}, \rho_{max}]$, welches eine Teilmenge von $[-1, 1]$ ist, angegeben werden, für welches die obige Behauptung gilt. Zur Interpretation der Grenzen ρ_{min} und ρ_{max} müssen zunächst die Begriffe *komonoton* und *kontermonoton* definiert werden.

Definition 2.2. *Seien X und Y zwei Zufallsvariablen mit Randverteilun-gen F_1 und F_2 und sei $u = F_1(x)$ und $v = F_2(y)$, dann sind X und Y* **komonoton**, *wenn ihre gemeinsame Verteilung F_u mit*

$$F_u(x, y) = \min\{u, v\} \tag{2.4}$$

gegeben ist. In diesem Fall spricht man von perfekter positiver Abhängigkeit zwischen X und Y[5].

Definition 2.3. *Seien X und Y zwei Zufallsvariablen mit Randverteilun-gen F_1 und F_2 und sei $u = F_1(x)$ und $v = F_2(y)$, dann sind X und Y* **kontermonoton**, *wenn ihre gemeinsame Verteilung F_l mit*

$$F_l(x, y) = \max\{u + v - 1, 0\} \tag{2.5}$$

gegeben ist. Folgen X und Y dieser Verteilung F_l, so spricht man von per-fekter negativer Abhängigkeit[6].

Liegt *perfekte* negative Abhängigkeit bzw. *Kontermonotonie* der Zufallsva-riablen vor, so entspricht der Korrelationskoeffizient der unteren Grenze des Intervalls: $\rho = \rho_{min}$. Die obere Grenze $\rho = \rho_{max}$ des Intervalls wird erreicht, wenn zwei Zufallsvariablen *perfekte* positve Abhängigkeit aufweisen bzw. wenn die Zufallsvariablen *komonoton* sind.

Betrachtet man zwei Normalverteilungen bzw. zwei elliptische Verteilungen (unabhängig von deren Parametern), so ist das Intervall $[\rho_{min}, \rho_{max}]$ gleich

---

[5]Dies bedeutet, dass eine Variable der Funktion F_u eine streng monoton *steigende* Funktion der anderen Variable ist. Vgl. hierzu Definition 3.11.

[6]Hier wird eine Variable der Funktion F_l durch eine streng monoton *fallende* Funktion der anderen Variable ausgedrückt. Vgl. Definition 3.12.

$[-1, 1]$. Dies bedeutet, dass jede Korrelation zwischen -1 und 1 durch geeignete Anpassung der gemeinsamen Verteilungsfunktion erzielt werden kann.

Vergleicht man jedoch eine Standard-Log-Normalverteilung und eine Log-Normalverteilung mit einem Mittelwert von null und einer Standardabweichung von zwei, so ist das Intervall $[\rho_{min}, \rho_{max}]$ gleich $[-0.0927, 0.6724]^7$. Das bedeutet, dass für diese beiden Randverteilungen keine gemeinsame Verteilung mit einer Korrelation außerhalb dieser Grenzen gefunden werden kann. Für das gezeigte Beispiel exisitert daher keine gemeinsame Verteilungsfunktion, die beispielsweise zu einem Korrelationskoeffizienten von 0.7 führt. Den formalen Beweis dieser Aussage zeigen Embrechts u. a. (1999)[8]. Somit ist gezeigt, dass die getroffene Aussage im Allgemeinen nicht richtig ist.

Definition 2.2 und 2.3 sowie die gezeigten Beispiele verdeutlichen somit ein weiteres Problem der Korrelation nach Pearson: Perfekte positive (bzw. negative) Abhängigkeit muss nicht zwingenderweise durch einen Korrelationskoeffizienten von $\rho = 1$ (bzw. $\rho = -1$) beschrieben werden. Auf ähnliche Weise kann auch gezeigt werden, dass ein Korrelationskoeffizient von null nicht unbedingt Unabhängigkeit zweier Zufallsvariablen beschreibt.

Fehlschluss 3. *Der VaR eines linearen Portfolios ist maximal, wenn die Korrelation maximal ist.*

Auch diese Aussage ist ein Trugschluss, sobald nicht elliptische gemeinsame Verteilungen betrachtet werden. Im Allgemeinen kann ähnlich wie zuvor bei der Korrelation wieder nur ein Intervall angegeben werden, innerhalb dessen sich der VaR bewegen wird.

Zur Herleitung dieser Grenzen muss wieder die Bekanntheit der Begriffe *komonoton* und *kontermonoton* bzw. der Funktionen F_l und F_u aus den Definitionen 2.2 und 2.3 vorausgesetzt werden. Seien X und Y zwei Zufallsvariablen mit den Verteilungsfunktionen F_1 und F_2 und sei $\mathbb{P}[X+Y \leq z] := \psi(z)$, so zeigen Embrechts u. a. (1999), dass die obere Grenze mit

$$\psi^{-1}(\alpha) = \inf_{F_l(x,y)=\alpha} \left(F_1^{-1}(u) + F_2^{-1}(v) \right) \tag{2.6}$$

---

[7]Diese Grenzen wurden auf Basis einer Simulation ermittelt. McNeil u. a. (2005) ermitteln das Intervall analytisch mit $[\rho_{min}, \rho_{max}] = [-0.090, 0.666]$

[8]S. 24 f

für das Quantil α gegeben ist, wobei $F_l(x, y)$, u und v bereits in Definition 2.3 beschrieben worden sind und F_1^{-1} und F_2^{-1} die Quantilsfunktionen von F_1 und F_2 darstellen. Das bedeutet, dass der $\mathrm{VaR}_\alpha \leq \psi^{-1}(\alpha)$ ist. Für den formalen Beweis dieser Aussage sei auf Embrechts u. a. (1999)[9] verwiesen.

Die Herleitung der unteren Grenze ist aus formaler Sicht schwieriger, dass sie aber existieren muss, zeigen Frank u. a. (1987), indem sie obere und untere Grenzen für $\mathbb{P}[L(X, Y) \leq z]$ herleiten, wobei $L(X, Y)$ eine stetige und monoton steigende Funktion darstellt.

Berechnung des VaR

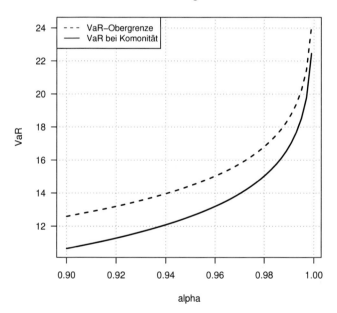

Abbildung 2.2: Obere Grenze des VaR und VaR bei komonotonen Zufallsvariablen mit $X \sim \mathrm{Gamma}(3, 1)$ und $Y \sim \mathrm{Gamma}(3, 1)$

Abbildung 2.2 ist eine Nachbildung der Grafik, die auch Embrechts u. a. (1999) zeigen. Hier sind für zwei Zufallsvariablen $X \sim \mathrm{Gamma}(3, 1)$ und $Y \sim \mathrm{Gamma}(3, 1)$ die obere Grenze des VaR und der VaR für den Fall, dass

---

[9]S. 26

X und Y komonoton[10] sind, eingezeichnet. Im Falle der Komonotonie gilt, dass der $\text{VaR}_\alpha(X + Y) = \text{VaR}_\alpha(X) + \text{VaR}_\alpha(Y)$ ist. Ansonsten ist die obere Grenze aufgrund der identischen Randverteilungen mit

$$\psi^{-1}(\alpha) = \inf_{F_l(u,v)=\alpha} \left(F_1^{-1}(u) + F_2^{-1}(v) \right) = F_1^{-1}((\alpha + 1)/2) + F_2^{-1}((\alpha + 1)/2)$$

gegeben.

Aus Abbildung 2.2 geht nun deutlich hervor, dass die obere Grenze (strichlierte Linie) immer größer als der additive VaR (durchgezogene Line) ist. Somit ist klar, dass im Allgemeinen nicht behauptet werden darf, dass der VaR eines linearen Portfolios maximal ist, wenn die Korrelation maximal ist.

Es sei noch einmal darauf hingewiesen, dass der Einsatz des Korrelationskoeffizienten nach Pearson unter normalverteilten Renditen zur Beschreibung der Abhängigkeitsstruktur geeignet ist. Jedoch ist in der Einleitung gezeigt worden, dass empirische Daten häufig diesen Annahmen nicht genügen. Dadurch entstehen auch die gezeigten Interpretationsprobleme des Korrelationskoeffizienten.

Zur Beschreibung der Abhängigkeitsstruktur zwischen nicht-normalverteilten Renditen benötigt man daher alternative Abhängigkeitsmaße. Die theoretischen Grundlagen für die Einführung solcher Abhängigkeitsmaße werden im nächsten Kapitel diskutiert. In Kapitel 4 werden dann schließlich Alternativen eingeführt.

---

[10]Zwei Zufallsvariablen sind komonoton, wenn ihre gemeinsame Verteilungsfunktion der Funktion F_u aus Gleichung 2.4 entspricht.

Kapitel 3

Copulae

3.1 Voraussetzungen

Bevor der Begriff *Copula* näher bestimmt werden kann, müssen einige mathematische Voraussetzungen beschrieben werden. Es muss erklärt werden, was eine *geerdete* bzw. eine *k-fach steigende* Funktion ist, wie das *Volumen* einer Funktion zu interpretieren ist und was eine *k-dimensionale Verteilungsfunktion* (bzw. die gemeinsame Verteilung von k Zufallsvariablen) ist.

Eine Funktion F heißt geerdet, wenn zumindest eine Variable die untere Grenze ihres Wertebereichs annimmt und der Funktionswert gleich null ist. Mathematisch lässt sich dies folgendermaßen darstellen:

Definition 3.1. *Sei $F : \mathbb{R}^k \mapsto \mathbb{R}$ eine Funktion mit k Variablen und dem Definitionsbereich $S_1 \times S_2 \times \ldots \times S_k$ mit $S_i \neq \emptyset$ ($i = 1, 2, \ldots, k$) und sei s_i das kleinste Element der Menge S_i ($i = 1, 2, \ldots, k$), dann heißt die Funktion F geerdet, falls für alle $\mathbf{x}$ im Definitionsbereich mit mindestens einem Index j, sodass $x_j = s_j$ ist,*

$$F(\mathbf{x}) = F(x_1, x_2, \ldots, x_{j-1}, s_j, x_{j+1}, \ldots, x_k) = 0 \qquad (3.1)$$

gilt[1].

---

[1] Vgl. Cherubini u. a. (2004) S. 129.

Beispiel 3.1. Sei $H : \mathbf{I}^2 \mapsto \mathbf{I}$ mit $\mathbf{I} = [0,1]$ eine Funktion mit zwei Variablen x_1 und x_2. So ist der Definitionsbereich mit $\mathbf{I} \times \mathbf{I}$ bzw. mit $[0,1] \times [0,1]$ gegeben. Das bedeutet, dass jede Variable nur Werte zwischen 0 und 1 annehmen kann. Nimmt zumindest eine Variable den Wert der unteren Grenze ihres Definitionsbereiches an (zB $x_1 = 0$), so heißt die Funktion geerdet, wenn der Funktionswert gleich null ist.

$$H(0, x_2) = 0$$
$$H(x_1, 0) = 0$$
$$H(0, 0) = 0$$

Bevor nun der Begriff *k-fach steigend (k-increasing)* näher beschrieben werden kann, muss der Begriff *Volumen* spezifiziert werden.

Definition 3.2. *Sei F eine Funktion mit k Variablen und dem Definitionsbereich $S_1 \times S_2 \times \ldots \times S_k$ mit $S_i \neq \emptyset$ (i = 1, 2, \ldots, k) und für $\mathbf{a} \leq \mathbf{b}^2$ sei $B = [\mathbf{a}, \mathbf{b}] = [a_1, b_1] \times [a_2, b_2] \times \ldots \times [a_k, b_k]$ eine k-Box[3], deren Eckpunkte im Definitionsbereich der Funktion F liegen[4]. Sei $\mathbf{c} = (c_1, c_2, \ldots, c_n)$ der Vektor aller möglichen Eckpunkte, wobei c_k entweder gleich a_k oder b_k ist, dann ist das F-Volumen von B mit*

$$V_F(B) = \sum \text{sgn}(\mathbf{c}) F(\mathbf{c}) \tag{3.2}$$

definiert, wobei sgn *mit*

$$\text{sgn} = \begin{cases} 1, & \textit{falls } c_n = a_n \textit{ und } n \textit{ eine gerade Zahl ist} \\ -1, & \textit{falls } c_n = a_n \textit{ und } n \textit{ eine ungerade Zahl ist} \end{cases}$$

gegeben ist.

Beispiel 3.2. Sei $F : S_1 \times S_2 \mapsto \mathbb{R}$ eine Funktion mit zwei Variablen und $B = [x_1, x_2] \times [y_1, y_2]$ für $x_1 \leq x_2$ und $y_1 \leq y_2$ die 2-Box, deren Eckpunkte in $S_1 \times S_2$ liegen. Wenn $\mathbf{c}$ den Vektor aller möglichen Kombinationen der Eckpunkte darstellt, dann gibt es folgende vier Möglichkeiten, die der Vektor annehmen kann:

---

[2]Das heißt: $a_i \leq b_i$ für alle i.

[3]Eine k-Box ist das kartesische Produkt der zugrunde liegenden k Definitionsbereiche.

[4]Das bedeutet beispielsweise, dass a_1 das kleinste Element und b_1 das größte Element in S_1 ist, dh: $S_1 = [a_1, b_1]$.

1. $\mathbf{c} = (x_1, y_1)$

2. $\mathbf{c} = (x_1, y_2)$

3. $\mathbf{c} = (x_2, y_1)$

4. $\mathbf{c} = (x_2, y_2)$

Um das F-Volumen untersuchen zu können, muss für jede dieser Möglichkeiten noch das Vorzeichen untersucht werden:

1. $\mathbf{c} = (x_1, y_1) \Rightarrow \text{sgn}(x_1) = -1 \text{ und } \text{sgn}(y_1) = -1 \Rightarrow \text{sgn}(\mathbf{c}) = 1^5$

2. $\mathbf{c} = (x_1, y_2) \Rightarrow \text{sgn}(x_1) = -1 \text{ und } \text{sgn}(y_2) = 1 \Rightarrow \text{sgn}(\mathbf{c}) = -1$

3. $\mathbf{c} = (x_2, y_1) \Rightarrow \text{sgn}(x_2) = 1 \text{ und } \text{sgn}(y_1) = -1 \Rightarrow \text{sgn}(\mathbf{c}) = -1$

4. $\mathbf{c} = (x_2, y_2) \Rightarrow \text{sgn}(x_2) = 1 \text{ und } \text{sgn}(y_2) = 1 \Rightarrow \text{sgn}(\mathbf{c}) = 1$

Das F-Volumen ist daher gegeben mit

$$V_F(B) = F(x_1, y_1) - F(x_1, y_2) - F(x_2, y_1) + F(x_2, y_2).$$

Für eine detailliertere Diskussion von Definition 3.2 sei auf Embrechts u. a. (2003) (S. 2 f) und Nelsen (2006) (S. 43) verwiesen. Diese Autoren zeigen auch eine Möglichkeit, wie das Volumen auf Basis der Ordnungsdifferenzen berechnet werden kann. Eine alternative Darstellung der Definition bringen Cherubini u. a. (2004) (S. 129 f). Auf Basis von Definition 3.2 kann nun der Begriff *k-fach steigend* spezifiziert werden.

Definition 3.3. *Eine Funktion F mit k Variablen heißt k-fach steigend, falls für alle k-Boxen B, deren Eckpunkte im Definitionsbereich der Funktion F liegen, $V_F(B) \geq 0$ gilt.*

Beispiel 3.3. Die Funktion F aus Beispiel 3.2 heißt zweifach steigend, falls

$$V_F(B) = F(x_1, y_1) - F(x_1, y_2) - F(x_2, y_1) + F(x_2, y_2) \geq 0.$$

---

[5]c_k kann entweder x_k oder y_k sein. Es müssen beide Möglichkeiten überprüft werden. Weil k hier in beiden Fällen ungerade ist, ist das Vorzeichen in Summe positiv.

Beispiel 3.4. Sei $F(x_1, x_2, \ldots, x_k)$ eine Funktion mit k Variablen. Die Funktion F heißt k-fach steigend, falls sie in jeder ihrer Komponenten x_j mit $j = 1, \ldots, k$ steigend ist.

Mit Hilfe dieser Begriffe, kann beschrieben werden, was eine gemeinsame Verteilungsfunktion ist.

Definition 3.4. *Eine k-dimensionale Verteilungsfunktion ist eine Funktion F mit dem Definitionsbereich $\mathbb{R}^k$, sodass F geerdet, k-fach steigend und $F(\infty, \infty, \ldots, \infty) = 1$ ist.*

Cherubini u. a. (2004) zeigen außerdem, dass auch die Randverteilungen einer multivariaten Verteilungsfunktion alle Eigenschaften einer (eindimensionalen) Verteilungsfunktion[6] erfüllen.

Für das Theorem nach Sklar (1996), das in Abschnitt 3.3 diskutiert wird, müssen noch der Begriff *Quantilsfunktion* und der *Transformationssatz* erklärt werden.

Definition 3.5. *Sei F eine (univariate) Verteilungsfunktion und sei F^{-1} die Inverse[7] von F mit*

$$F^{-1}(u) = \inf\{x : F(x) \geq u\} \qquad (3.3)$$

*für alle $u \in (0, 1)$. Die inverse Funktion F^{-1} heißt **Quantilsfunktion**.*

Definition 3.6. (Quantilstransformation) *Sei $U \sim \mathbb{U}[0, 1]$ standardgleichverteilt und sei F eine (univariate) Verteilungsfunktion, dann gilt $\mathbb{P}\left[F^{-1}(U) \leq x)\right] = F(x)$.*

Definition 3.7. (Transformationssatz) *Sei X eine Zufallsvariable mit der Verteilungsfunktion F, dann gilt $F(X) \sim \mathbb{U}[0, 1]$.*

Die Beweise für die Definitionen 3.6 und 3.7 werden beispielsweise in McNeil u. a. (2005) (S. 186) gezeigt.

---

[6]Vgl. Appendix A.

[7]Sollte F nicht überall invertierbar sein, so bedient man sich der Quasi-Inversen $F^{[-1]}$. Für eine genaue Definition einer Quasi-Inversen Funktion $F^{[-1]}$ sei auf Nelsen (2006) (S. 21 f) verwiesen.

3.2 Theoretische Grundlagen

Mit den soeben beschriebenen Begriffen kann eine *Copula* folgendermaßen definiert werden:

Definition 3.8. *Sei* $\mathbf{u} = (u_1, u_2, \ldots, u_n)$ *mit* $u_i \in [0, 1]$ *für alle* i. *Eine* *k-dimensionale Copula (kurz: Copula) ist eine Funktion* C *mit dem Definitionsbereich* $\mathbf{I}^k$, *sodass folgende Eigenschaften erfüllt werden:*

1. C *ist fundiert und k-fach steigend.*

2. *Für alle* $\mathbf{u}$ *in* $\mathbf{I}^k$, *deren Elemente mit Ausnahme von* u_j *gleich eins sind, ist* $C(\mathbf{u}) = u_j$.

Die Eigenschaft, dass C fundiert ist, ist gleichbedeutend mit der Aussage, dass für alle $\mathbf{u}$ in $\mathbf{I}^k$ mit mindestens einem Element von $\mathbf{u}$ gleich null ($u_j = 0$) $C(\mathbf{u}) = 0$ ist.

Da eine Copula nach Definition 3.8 alle Eigenschaften einer multivariaten Verteilungsfunktion aus Definition 3.4 aufweist, ist eine Copula die gemeinsame Verteilungsfunktion von standardgleichverteilten Zufallsvariablen $\mathbf{U}$:

$$C(\mathbf{u}) = C(u_1, u_2, \ldots, u_k) = \mathbb{P}\left[U_1 \leq u_1, U_2 \leq u_2, \ldots, U_k \leq u_k\right]$$

An dieser Stelle sei erwähnt, dass $C(\mathbf{u})$ für $\mathbf{u} \in \mathbf{I}^k$ einen Wert zwischen null und eins liefert ($0 \leq C(\mathbf{u}) \leq 1$). Das bedeutet, der Bildbereich von $C(\mathbf{u})$ liegt in $\mathbf{I}$. Mit anderen Worten heißt dies, dass die Copula $C(\mathbf{u})$ dem Bereich $[0, u_1] \times [0, u_2] \times \ldots \times [0, u_k]$ eine Zahl in $\mathbf{I}$ zuordnet, und zwar über das Volumen der Funktion:

$$V_C\left([0, u_1] \times [0, u_2] \times \ldots \times [0, u_k]\right) = C(u_1, u_2, \ldots, u_k) = C(\mathbf{u}). \qquad (3.4)$$

Diese Eigenschaft erlaubt die Interpretation der Copula C als Wahrscheinlichkeitskennzahl in $\mathbf{I}^k$. Voraussetzung hierfür ist aber, dass $\mathbf{u} \in \mathbf{I}^k$ gilt[8].

---

[8]Ist die Domäne der Funktion C nur eine Teilmenge von $\mathbf{I}^k$, so spricht man von *Sub-Copulae*.

Weiters ist zu erwähnen, dass die gemischten partiellen Ableitungen k-ter Ordnung einer Copula C für alle $\mathbf{u} \in \mathbf{I}^k$ fast sicher[9] existieren und dass für solche $\mathbf{u}$

$$0 \leq \frac{\partial^k C(\mathbf{u})}{\partial u_1 \partial u_2 \ldots \partial u_k} \leq 1$$

gilt. Für den Beweis sei auf Nelsen (2006) (S. 13 f) verwiesen.

3.3 Sklar's Theorem

Es ist schon gezeigt worden, dass eine Copula C die gemeinsame Verteilungsfunktion von standardgleichverteilten Zufallsvariablen $\mathbf{U} = (U_1, U_2, \ldots, U_n)$ darstellt. Betrachtet man nun Zufallsvariablen $\mathbf{X} = (X_1, X_2, \ldots, X_n)$, die für $i = 1, 2, \ldots, n$ den Verteilungen $X_i {\sim} F_i(X_i)$ folgen, so ist $F_i(X_i)$ standardgleichverteilt mit $F_i(X_i) {\sim} \mathbb{U}[0, 1]$. Sei F_i^{-1} die inverse Funktion von F_i, so gilt aufgrund des Transformationssatzes $F_i^{-1}(U_i) {\sim} F_i$ bzw. $X {\sim} F_i$.

Aufgrund dieser möglichen Transformationen kann gezeigt werden, dass

$$
\begin{aligned}
C\left(F_1(x_1), \ldots, F_n(x_n)\right) &= C(u_1, \ldots, u_n) \\
&= \mathbb{P}\left[U_1 \leq u_1, \ldots, U_n \leq u_n\right] \\
&= \mathbb{P}\left[U_1 \leq F_1(x_1), \ldots, U_n \leq F_n(x_n)\right] \\
&= \mathbb{P}\left[F_1^{-1}(U_1) \leq x_1, \ldots, F_n^{-1}(U_n) \leq x_n\right] \\
&= \mathbb{P}\left[X_1 \leq x_1, \ldots, X_n \leq x_n\right] \\
&= F(x_1, \ldots, x_n)
\end{aligned}
$$

ist, wobei $F(\mathbf{x})$ für die gemeinsame Verteilungsfunktion der n Zufallsvariablen steht. Diese Transformation bietet die Basis für das folgende Theorem, welches auch als *Sklar's Theorem* bezeichnet wird:

Theorem 3.1. (Sklar (1996)) *Sei F eine n-dimensionale Verteilungsfunktion mit den Randverteilungen F_1, F_2, $\ldots F_n$. Dann existiert eine Copula C, sodass für alle $\mathbf{x} \in \overline{\mathbb{R}}^n$*

$$F(x_1, x_2, \ldots, x_n) = C\left(F_1(x_1), F_2(x_2), \ldots, F_n(x_n)\right) \tag{3.5}$$

---

[9] *Fast sicher* im Sinne des Lebesgue-Maßes.

gilt. Sind die Randverteilungen $F_1, F_2, \ldots, F_n$ stetig, so ist die Funktion C im Bildbereich (Range) $\mathrm{Ran}F_1 \times \mathrm{Ran}F_2 \times \ldots \times \mathrm{Ran}F_n$ eindeutig bestimmt.

Das soeben beschriebene Theorem gilt in beide Richtungen. Das bedeutet, wenn C eine n-dimensionale Copula ist und wenn $F_1, F_2, \ldots, F_n$ univariate Verteilungsfunktionen sind, dann ist F eine n-dimensionale Verteilungsfunktion mit den Randverteilungen $F_1, F_2, \ldots, F_n$. Die nötigen Transformationen für die Gültigkeit des Theorems sind schon gezeigt worden. Für den Beweis der Eindeutigkeit der Copula im stetigen Fall sei auf Sklar (1996) verwiesen.

Sklar's Theorem erlaubt es, eine multivariate Verteilungsfunktion F in zwei Teile aufzuspalten, nämlich in die Beschreibung der Randverteilungen F_1, $F_2, \ldots, F_n$ und in eine Funktion bzw. eine Copula C, welche die Abhängigkeitsstruktur abbildet.

Beispiel 3.5. Betrachtet man zwei Zufallsvariablen X und Y mit den stetigen Randverteilungen $F_1(x) = \mathbb{P}[X \leq x]$ und $F_2(y) = \mathbb{P}[Y \leq y]$ sowie der gemeinsamen Verteilung $F(x, y) = \mathbb{P}[X \leq x, Y \leq y]$, so gibt es eine Copula C, sodass $C\left(F_1(x), F_2(y)\right) = F(x, y)$ ist. Das heißt, es gibt für jeden Punkt mit den Koordinaten (x, y) mit $x, y \in [-\infty, \infty]$ einen Punkt im zweidimensionalen Raum $\mathbf{I}^2$ mit $\mathbf{I} = [0, 1]$ mit den Koordinaten $(F_1(x), F_2(y))$. Allen möglichen Punkten $(F_1(x), F_2(y))$ ordnet die Funktion C einen Wert in $\mathbf{I}$ zu. Allgemein ist eine Copula somit eine Funktion, die n Zufallsvariablen mit dem Definitionsbereich $\overline{\mathbb{R}}^n$ einen Wert in $\mathbf{I}$ zuweist, was die Interpretation als (multivariate) Verteilungsfunktion erlaubt.

Beispiel 3.6. Sei $X \sim N(0, 1)$ und sei $Y \sim N(0, 1)$, sei Φ die (univariate) Verteilungsfunktion der Standardnormalverteilung und sei Φ_R^n die multivariate Standardnormalverteilung mit Korrelationsmatrix R und n die Anzahl der Dimensionen, wobei in diesem Beispiel $n = 2$ sein soll[10]. Sei $u = \Phi(x)$ und $v = \Phi(y)$. Dann existiert eine Copula C_ρ^Φ, sodass $C_\rho^\Phi(u, v) = \Phi_\rho^2(x, y)$ mit

$$
\begin{aligned}
C_\rho^\Phi(u, v) &= \Phi_\rho^2(x, y) \\
&= \Phi_\rho^2\left(\Phi^{-1}(u), \Phi^{-1}(v)\right) \\
&= \int_{-\infty}^{\Phi^{-1}(u)} \int_{-\infty}^{\Phi^{-1}(v)} \frac{1}{2\pi(1 - \rho^2)^{1/2}} \exp\left(-\frac{s^2 - 2\rho st + t^2}{2(1 - \rho^2)}\right) ds\, dt.
\end{aligned}
$$

---

[10]Bei $n = 2$ besteht die Korrelationsmatrix R daher aus nur einem Korrelationskoeffizienten ρ.

3.4 Eigenschaften von Copulae

Einige wichtige Eigenschaften von Copulae folgen bereits aus den vorange-
gangen Definitionen:

- Eine Copula C mit n Variablen ist eine Funktion, die allen möglichen
  Werten im Definitionsbereich $\mathbf{I}^n$ einen Wert in $\mathbf{I}$ zuweist: $C : \mathbf{I}^n \mapsto \mathbf{I}$.
  Das erlaubt die Interpretation als Wahrscheinlichkeitsmaß.

- Für alle $\mathbf{u} \in \mathbf{I}^n$ mit mindestens einem Element $u_j = 0$ ist $C(\mathbf{u}) = 0$.

- Für alle $\mathbf{u} \in \mathbf{I}^n$, deren Elemente mit Ausnahme von u_j gleich eins sind,
  ist $C(\mathbf{u}) = u_j$.

- Eine Copula erlaubt die Trennung einer multivariaten Verteilungsfunktion in eine Beschreibung der Randverteilungen und eine Beschreibung der Abhängigkeitsstruktur.

3.4.1 Invarianz

Eine wichtige Eigenschaft von Copula-Funktionen ist, dass die Funktion unter streng monotonen Transformationen der Variablen entweder invariant
ist oder dass man die Änderung der Funktion auf eine sehr einfache Weise beschreiben kann. In Theorem 3.2 wird beschrieben, wann eine Copula
invariant ist.

Theorem 3.2. *(**Schweizer und Wolff** (1981)) Sei* $\mathbf{X} = (X_1, \dots, X_n)$
ein Zufallsvektor mit n stetigen Zufallsvariablen und Verteilungsfunktionen
$F_1, \dots, F_n$ *und sei* C *die Copula dieser Zufallsvariablen. Seien* $\alpha_1, \dots, \alpha_n$
n streng monoton steigende Funktionen auf Ran $X_1, \dots,$ Ran X_n *und seien*
$G_1, \dots, G_n$ *die Verteilungsfunktionen von* $\alpha_1(X_1), \dots, \alpha_n(X_n)$[11] *und sei* C_α
die Copula der transformierten Zufallsvariablen $(\alpha_1(X_1), \dots, \alpha_n(X_n))$, *dann*
ist $C = C_\alpha$.

---

[11]Anmerkung: Wenn F_i stetig ist, dann ist auch G_i stetig, weil α_i eine streng monotone Funktion ist,
deren Definitionsbereich Ran X_i einschließt $(i = 1, 2, \dots, n)$.

Die getroffene Aussage ist richtig, weil α_k eine streng monoton steigende Funktion für alle k ist. Aufgrund des Transformationssatzes kann man für alle $x \in \overline{\mathbb{R}}$ folgende Umformungen vornehmen:

$$
\begin{aligned}
G_k(x) &= \mathbb{P}\left[\alpha_k(X_k) \le x\right] \\
&= \mathbb{P}\left[X_k \le \alpha_k^{-1}(x)\right] \\
&= F_k\left(\alpha_k^{-1}(x)\right).
\end{aligned}
$$

Aufgrund dieser Transformation gilt

$$
\begin{aligned}
C_\alpha\left(G_1(x_1), \ldots, G_n(x_n)\right) &= \mathbb{P}\left[\alpha_1(X_1) \le x_1, \ldots, \alpha_n(X_n) \le x_n\right] \\
&= \mathbb{P}\left[X_1 \le \alpha_1^{-1}(x_1), \ldots, X_n \le \alpha_n^{-1}(x_n)\right] \\
&= C\left(F_1\left(\alpha_1^{-1}(x_1)\right), \ldots, F_n\left(\alpha_n^{-1}(x_n)\right)\right) \\
&= C\left(G_1(x_1), \ldots, G_n(x_n)\right),
\end{aligned}
$$

weil alle **X** stetig sind und weil der Definitionsbereich aller Verteilungsfunktionen G_1, G_2, $\ldots$, G_n mit $\mathbf{I} = [0,1]$ gegeben ist. Daraus folgt, dass $C_\alpha = C$ in $\mathbf{I}^n$ ist.

Diese Invarianz bei streng monoton steigenden Transformationen ist von wesentlicher Bedeutung. Sie ist die Basis für die Invarianz von Abhängigkeitsmaßen, die auf der Theorie der Copula basieren. In Abschnitt 2.1.2 ist gezeigt worden, dass der Korrelationskoeffizient nach Pearson nur bei linearen, streng monoton steigenden Transformationen invariant ist und es ist der Wunsch nach Abhängigkeitsmaßen, die auch bei komplexeren Transformationen invariant sind, geäußert worden. Die Grundlage für die Einführung solcher Abhängigkeitsmaße ist somit gelegt worden.

Die beschriebene Invarianz ist jedoch nur gültig, wenn streng monoton steigende Transformationen durchgeführt werden. Werden andere monotone Transformationen der Zufallsvariablen vorgenommen, so kann man die Änderung der Copula jedoch schon im Vorhinein abschätzen. Nelsen (2006) (S. 26) zeigt beispielsweise die Änderung der Copula für den bivariaten Fall.

Theorem 3.3. *Seien X_1 und X_2 zwei stetige Zufallsvariablen mit Verteilungsfunktionen F_1 und F_2. Sei C die Copula von X_1 und X_2 und seien α_1 und α_2 zwei streng monotone Funktionen mit $\mathrm{Ran}X_1$ und $\mathrm{Ran}X_2$. Seien*

G_1 *und* G_2 *die Verteilungsfunktionen der transformierten Zufallsvariablen* $\alpha_1(X_1)$ *und* $\alpha_2(X_2)$ *und sei* C_α *die Copula der transformierten Zufallsvariablen, dann gilt,*

- *wenn* α_1 *streng steigend und* α_2 *streng fallend ist:*

$$C_\alpha\left(F_1(X_1), F_2(X_2)\right) = F_1(X_1) - C\left(F_1(X_1), 1 - F_2(X_2)\right)$$

- *wenn* α_1 *streng fallend und* α_2 *streng steigend ist:*

$$C_\alpha\left(F_1(X_1), F_2(X_2)\right) = F_2(X_2) - C\left(1 - F_1(X_1), F_2(X_2)\right)$$

- *wenn* α_1 *und* α_2 *streng fallend sind:*

$$C_\alpha\left(F_1(X_1), F_2(X_2)\right) = F_1(X_1) + F_2(X_2) - 1 + \\ C\left(1 - F_1(X_1), 1 - F_2(X_2)\right).$$

Embrechts u. a. (2003) (S. 7 f) und Cherubini u. a. (2004) (S. 137 f) erweitern Theorem 3.3 auf den multivariaten Fall. Es geht aber schon aus dem bivariaten Fall deutlich hervor, dass sich die Änderung der Copula der transformierten Zufallsvariablen stets präzise angeben lässt.

Theorem 3.4. *Seien* X_1, X_2 *und* C *wie in Theorem 3.3. Sei* $\overline{F}_1(X_1) = 1 - F_1(X_1)$ *und sei* $\overline{F}_2(X_2) = 1 - F_2(X_2)$[12]. *Dann gilt aufgrund der Transformationen aus Theorem 3.3, dass*

- $\overline{F}_1(X_1)$ *und* $\overline{F}_2(X_2)$ *die Copula*

$$C^{--}\left(F_1(x_1), F_2(x_2)\right) = F_1(x_1) + F_2(x_2) - 1 + C\left(1 - F_1(x_1), 1 - F_2(x_2)\right)$$

besitzen,

- $\overline{F}_1(x_1)$ *und* $F_2(x_2)$ *die Copula*

$$C^{-+}\left(F_1(x_1), F_2(x_2)\right) = F_2(x_2) - C\left(1 - F_1(x_1), F_2(x_2)\right)$$

besitzen,

---

[12]$\overline{F}_1(X_1)$ und $\overline{F}_2(X_2)$ sind somit streng monoton fallende Funktionen mit standardgleichverteilten Funktionswerten.

- $F_1(X_1)$ *und* $\overline{F}_2(X_2)$ *die Copula*

$$C^{+-}\left(F_1(x_1), F_2(x_2)\right) = F_1(x_1) - C\left(F_1(x_1), 1 - F_2(x_2)\right)$$

besitzen.

Definition 3.9. *Die Transformationen aus Theorem 3.4 heißen Rotationen, wobei man im bivariaten Fall bei der Copula C^{--} von einer 180 Grad Rotation und bei den Copulae C^{-+} und C^{+-} von jeweils 90 Grad Rotationen spricht.*

Die Eigenschaft der Rotierbarkeit von Copulae bietet zwei Vorteile. Einerseits erlaubt sie, Copulae zur Berechnung von Überlebenswahrscheinlichkeiten[13] zu verwenden, andererseits erleichtert sie die Konstruktion von Copulae.

Beispiel 3.7. Betrachtet man in Abbildung 2.1 das Bild, in dem die Daten einer Gumbel Verteilung folgen, so erkennt man, dass extreme, positive Werte der beiden Zufallsvariablen häufig gemeinsam auftreten. Durch eine 180 Grad Rotation der zugrundeliegenden Copula und durch eine weitere Erzeugung von Zufallszahlen, würde man ein Bild erhalten, das jenem der Clayton Verteilung ähneln würde. Extreme, niedriege Werte würden nun gemeinsam auftreten. Kennt man die Copula Funktion der Clayton Copula nicht, so kann man die Abhängigkeitsstruktur trotzdem durch Rotation einer Gumbel Copula nachbilden. Dies erleichtert die Erzeugung von Copula-Funktionen, die zu einem bestimmten Datensatz passen sollen.

3.4.2 Fréchet-Höffding Grenzen

Eine weitere bedeutende Eigenschaft von Copulae ist, dass jede Copula zwischen zwei Grenzen liegt.

---

[13]Vgl. Cox u. a. (1984).

Bivariate Fréchet-Höffding Grenzen

Im folgenden wird zunächst der bivariate Fall betrachtet. Da diese Grenzen unabhängig von der Gültigkeit von Sklar's Theorem sind, werden die Variablen im Folgenden mit $U \sim \mathbb{U}[0,1]$ und $V \sim \mathbb{U}[0,1]$ bezeichnet, wobei jede dieser Variablen standardgleichverteilt ist. Aufgrund des Transformationssatzes aus Definition 3.7 können U und V somit für die Werte von Verteilungsfunktionen von beliebigen Zufallsvariablen X und Y stehen, sodass die Gültigkeit von Sklar's Theorem nicht beeinträchtigt wird.

Theorem 3.5. *Sei C eine Copula mit dem Definitionsbereich $\mathbf{I}^2$. Dann gilt für alle Vektoren (u, v) im Definitionsbereich*

$$\max\{u + v - 1, 0\} \leq C(u, v) \leq \min\{u, v\}. \tag{3.6}$$

Die Gültigkeit von Theorem 3.5[14] kann folgendermaßen nachgewiesen werden: Man betrachte einen Punkt (u, v). Wenn eine Zufallsvariable den Wert der oberen Grenze des Definitonsbereichs annimmt[15], dann gilt $C(u, 1) = u$ bzw. $C(1, v) = v$. Somit ist $C(u, v) \leq \min\{u, v\}$. Die Funktion $\min\{u, v\}$ erfüllt alle Eigenschaften von Definition 3.8 und ist somit auch eine Copula. In der Folge wird $\min\{u, v\}$ mit $C_u(u, v)$ notiert. Der Graph und die Konturen des Graphen der Funktion $C_u(u, v)$ sind in Abbildung 3.1 dargestellt.

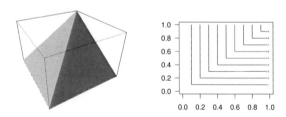

Abbildung 3.1: Funktionsgraph und Konturen von $C_u(u, v)$

---

[14]Es sei erwähnt, dass Theorem 3.5 auch für *Subcopule* gilt. *Subcopulae* sind Copulae mit einem Definitionsbereich, der nur eine Teilmenge von $\mathbf{I}^n$ darstellt.

[15]Im Falle einer Copula heißt dies, dass eine Variable gleich eins ist.

Für den Beweis der Gültigkeit der unteren Grenze, muss auf die Interpretation einer Copula-Funktion als Volumen zurückgegriffen werden. Aus Gleichung 3.4 folgt, dass

$$V_C\left([0, u] \times [0, v]\right) = C(u, v) \geq 0$$

ist. Somit muss auch das Volumen des Komplementes C^c der Copula C größer null sein und es folgt[16]

$$V_{C^c}\left([u, 1] \times [v, 1]\right) \geq 0$$
$$C(u, v) - C(u, 1) - C(1, v) + C(1, 1) \geq 0$$
$$C(u, v) - u - v + 1 \geq 0$$
$$C(u, v) \geq u + v - 1.$$

Da $C(u, v)$ größer null sein muss, folgt $C(u, v) \geq \max\{u + v - 1, 0\}$. Weiters ist zu erwähnen, dass die Funktion $\max\{u + v - 1, 0\}$ im bivariaten Fall ebenfalls alle Eigenschaften von Definition 3.8 erfüllt und daher ebenfalls eine Copula-Funktion darstellt. Somit ist die Existenz der unteren Grenze, die in Folge mit $C_l(u, v)$ notiert wird, bewiesen. Das Bild der Funktion $C_l(u, v)$ und die entsprechenden Konturen sind in Abbildung 3.2 dargestellt.

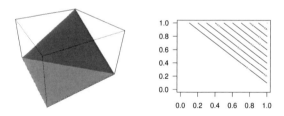

Abbildung 3.2: Funktionsgraph und Konturen von $C_l(u, v)$

Aufgrund der Tatsache, dass diese Grenzen ebenfalls Copulae sind, liegt jede beliebige Copula innerhalb dieser Grenzen. Die Existenz dieser Grenzen erlaubt es, Copulae nach Rängen zu ordnen. Betrachtet man beispielsweise

---

[16]Für die Berechnung des Volumens vgl. Beispiel 3.3.

die Copula $\Pi(u, v) = uv$, so gilt für alle $(u, v) \in \mathbf{I}^2$

$$C_l(u, v) \leq \Pi(u, v) \leq C_u(u, v).$$

Diese Reihung der Copulae wird mit $C_l(u, v) \prec \Pi(u, v) \prec C_u(u, v)$ notiert. Zum Vergleich sind der Funktionsgraph und die Konturen von $\Pi(u, v)$ in Abbildung 3.3 dargestellt.

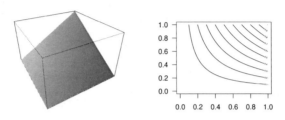

Abbildung 3.3: Funktionsgraph und Konturen von $\Pi(u, v)$

Wendet man auf Theorem 3.5 das Theorem nach Sklar (1996) an, so gilt

$$\max\{F_1(x_1) + F_2(x_2) - 1, 0\} \leq F(x_1, x_2) \leq \min\{F_1(x_1), F_2(x_2)\} \quad (3.7)$$

bzw.

$$C_l(F_1(x_1), F_2(x_2)) \leq F(x_1, x_2) \leq C_u(F_1(x_1), F_2(x_2)), \quad (3.8)$$

wobei X_1 und X_2 zwei Zufallsvariablen mit den Randverteilungen F_1, F_2 und gemeinsamer Verteilung F sind. Da C_l und C_u gemeinsame Verteilungsfunktionen darstellen, ist F mit den Grenzen C_l und C_u beschränkt. Diese Grenzen werden als *Fréchet-Höffding Grenzen* für gemeinsame Verteilungsfunktionen F mit den Randverteilungen F_1 und F_2 bezeichnet.

Multivariate Fréchet-Höffding Grenzen

Die Fréchet-Höffding Grenzen können auch für den multivariaten Fall definiert werden. Im folgenden wird mit $\mathbf{U} = (U_1, U_2, \ldots, U_n)$ ein Zufallsvektor mit standardgleichverteilten Zufallsvariablen $U_i \sim \mathbb{U}[0, 1]$ für alle i notiert.

Die n-dimensionalen Erweiterungen der Fréchet-Höffding Grenzen werden mit C_l^n und C_u^n notiert und sind für $n \geq 2$ mit

$$C_l^n(\mathbf{u}) = \max\{u_1 + u_2 + \cdots + u_n - n + 1, 0\} \qquad (3.9)$$

$$C_u^n(\mathbf{u}) = \min\{u_1, u_2, \ldots, u_n\} \qquad (3.10)$$

gegeben. C_u^n erfüllt alle Eigenschaften aus Definition 3.8 und ist somit ebenfalls eine Copula. C_l^n hingegen ist für $n \geq 3$ keine Copula[17]. Dennoch zeigt Nelsen (2006) (S. 47 f), dass C_l^n die *bestmögliche* Grenze für $n \geq 3$ darstellt. Somit liegt auch jede beliebige multivariate Copula-Funktion innerhalb der multivariaten Fréchet-Höffding Grenzen und es kann auch im multivariaten Fall eine Reihung der Copulae vorgenommen werden. Betrachtet man beispielsweise die Copula $\Pi(\mathbf{u}) = u_1 u_2 \cdots u_n$, so gilt $C_l^n(\mathbf{u}) \prec \Pi(\mathbf{u}) \prec C_u^n(\mathbf{u})$.

3.4.3 Copulae als Beschreibung der Abhängigkeitsstruktur

Da eine Copula eine multivariate Verteilungsfunktion darstellt, beschreibt die Copula die Abhängigkeitsstruktur der Zufallsvariablen. Kennt man die Abhängigkeitsstruktur (Copula) und besitzt man Informationen über die Randverteilungen, so kann man auch Aussagen über die multivariate Verteilungsfunktion machen. In diesem Abschnitt soll diskutiert werden, wann Unabhängigkeit bzw. perfekte (positive oder negative) Abhängigkeit vorliegt.

Unabhängigkeit

Definition 3.10. *Seien* $\mathbf{X} = (X_1, X_2, \ldots, X_n)$ *unabhängige, stetige Zufallsvariablen mit gemeinsamer Verteilungsfunktion F und mit den Randverteilungen F_1, F_2, $\ldots F_n$. Dann ist die gemeinsame Verteilungsfunktion mit*

$$F(\mathbf{X}) = F_1(X_1)F_2(X_2)\cdots F_n(X_n)$$

gegeben.

---
[17]Für den Beweis siehe Embrechts u. a. (2003) (S. 5).

Betrachtet man einen Zufallsvektor $\mathbf{u} = (u_1, u_2, \ldots, u_n)$ mit standardgleichverteilten Zufallszahlen $U_i \sim \mathbb{U}[0, 1]$ für $i = 1, 2, \ldots, n$, dann wird die Copula $\Pi^n(\mathbf{u}) = u_1 u_2 \cdots u_n$ als Produktcopula bezeichnet.

Theorem 3.6. *Seien* $\mathbf{X} = (X_1, X_2, \ldots, X_n)$ *stetige Zufallsvariablen für* $n \geq 2$. *Die Zufallsvariablen* $\mathbf{X}$ *sind unabhängig, wenn die Copula* $C_{\mathbf{X}}$ *der Zufallsvariablen* $C_{\mathbf{X}} = \Pi^n$ *ist.*

Aufgrund des Theorems nach Sklar (1996) gilt $F(\mathbf{X}) = C_{\mathbf{X}}(F_1(X_1), \ldots, F_n(X_n))$. Somit geht aus Definition 3.10 unmittelbar hervor, dass Theorem 3.6 richtig ist.

Perfekte Abhängigkeit

Beschränkt man sich auf den bivariaten Fall, so liegt *perfekte Abhängigkeit* vor, wenn die gemeinsame Verteilungsfunktion der beiden Zufallsvariablen entweder der unteren bzw. der oberen Fréchet-Höffding Grenze aus Theorem 3.5 entspricht.

Perfekte positive Abhängigkeit (Komonotonie)

Theorem 3.7. *Sei* $\mathbf{X} = (X_1, X_2)$ *ein Zufallsvektor mit der Copula* C_u. *Dann existieren zwei streng monoton steigende Funktionen* $\alpha_1, \alpha_2 : \mathbb{R} \mapsto \mathbb{R}$ *und eine reelle Zufallszahl* Y, *sodass*

$$(X_1, X_2) = (\alpha_1(Y), \alpha_2(Y))$$

gilt.

Mit anderen Worten bedeutet dies, dass die Copula $C_{\mathbf{X}}$ von X_1 und X_2 gleich der oberen Fréchet-Höffding Grenze C_u ist, wenn jede Zufallsvariable eine streng monoton steigende Funktion der jeweils anderen ist. In diesem Fall liegt *perfekte positive Abhängigkeit* zwischen den Zufallsvariablen vor. Intuitiv scheint diese Aussage richtig zu sein, Embrechts u. a. (1999) (S. 14) zeigen jedoch den formalen Beweis.

Definition 3.11. *Zwei Zufallsvariablen X_1, X_2 heißen komonoton (perfekt positiv abhängig), wenn ihre Copula $C_{\mathbf{X}}$ der oberen Fréchet-Höffding Grenze $C_{\mathbf{X}} = C_u$ entspricht.*

Da dies bedeutet, dass die gemeinsame Verteilungsfunktion von X_1 und X_2 mit

$$F(x_1, x_2) = C_u(F_1(X_1), F_2(X_2)) = \min\{F_1(x_1), F_2(x_2)\}$$

gegeben ist, ist Definition 3.11 äquivalent zur Definition 2.2 aus Kapitel 2.3.

Perfekte negative Abhängigkeit (Kontermonotonie)

Theorem 3.8. *Sei $\mathbf{X} = (X_1, X_2)$ ein Zufallsvektor mit der Copula C_l. Dann existiert eine streng monoton steigende Funktion $\alpha_1 : \mathbb{R} \mapsto \mathbb{R}$ und eine streng monoton fallende Funktion $\alpha_2 : \mathbb{R} \mapsto \mathbb{R}$ und eine reelle Zufallszahl Y, sodass*

$$(X_1, X_2) = (\alpha_1(Y), \alpha_2(Y))$$

oder

$$(X_1, X_2) = (\alpha_2(Y), \alpha_1(Y))$$

gilt.

Dies bedeutet, dass eine Zufallsvariable durch eine streng monoton fallende Funktion der anderen ausgedrückt wird und es liegt *perfekte negative Abhängigkeit* vor. Für den formalen Beweis sei auf Embrechts u. a. (1999) (S. 14) verwiesen.

Analog zu Definition 2.3 aus Kapitel 2.3 kann Kontermonotonie folgendermaßen definiert werden.

Definition 3.12. *Zwei Zufallsvariablen X_1, X_2 heißen kontermonoton (perfekt negativ abhängig), wenn ihre Copula $C_{\mathbf{X}}$ der unteren Fréchet-Höffding Grenze $C_{\mathbf{X}} = C_l$ entspricht.*

Komonotonie kann auch für den multivariaten Fall gezeigt werden[18]. Das Konzept der Kontermonotonie gilt hingegen nur für den zweidimensionalen

---

[18]Vgl. McNeil u. a. (2005).

Fall, weil die mehrdimensionale untere Fréchet-Höffding Grenze C_l^n nicht den Anforderungen einer Copula[19] genügt.

3.4.4 Dichte einer Copula-Funktion

Da eine Copula eine Verteilungsfunktion $C = F$ darstellt, muss im stetigen Fall auch eine Dichtefunktion c existieren. Die Dichte c spielt vor allem für die Anpassung und Kalibrierung von parametrischen Copula-Funktionen nach der Maximum-Likelihood-Methode[20] eine wesentliche Rolle.

Definition 3.13. *Seien* $\mathbf{u} = (u_1, u_2, \ldots, u_n)$ *standardgleichverteilte Zufalls-zahlen mit* $U_i \sim \mathbb{U}[0, 1]$ *für* $i = 1, 2, \ldots, n$, *dann ist die Dichte* $c(\mathbf{u})$ *der Copula* $C(\mathbf{u})$ *mit*

$$c(u_1, u_2, \ldots, u_n) = \frac{\partial^n C(\mathbf{u})}{\partial u_1 \partial u_2 \ldots \partial u_n} \tag{3.11}$$

gegeben.

Es ist bereits in Kapitel 3.2 gezeigt worden, dass die partiellen Ableitungen im Sinne des Lebesgue-Maßes fast sicher existieren.

Es gibt eine alternative Möglichkeit die Dichte c zu beschreiben. Hierbei bedient man sich des Theorems nach Sklar (1996).

Theorem 3.9. *Seien* $\mathbf{X} = (X_1, X_2, \ldots, X_n)$ *stetige Zufallsvariablen mit gemeinsamer Verteilungsfunktion* F, *mit den Randverteilungen* F_1, F_2, $\ldots$, F_n *und mit der Copula* $C_{\mathbf{X}}$. *Dann ist die Dichte* c *gegeben mit*

$$c(F_1(x_1), F_2(x_2), \ldots, F_n(x_n)) = \frac{f(x_1, x_2, \ldots, x_n)}{f_1(x_1) f_2(x_2) \cdots, f_n(x_n)}, \tag{3.12}$$

wobei f *die Dichte von* F *und* f_i *die Dichtefunktionen der Randverteilungen* F_i *darstellen.*

Um das Theorem zu überprüfen, kann einfach das Theorem nach Sklar

---

[19]Vgl. Definition 3.8.

[20]Vgl. Kapitel 5.

(1996) auf Gleichung 3.11 angewendet werden

$$c(F_1(x_1), F_2(x_2), \ldots, F_n(x_n)) = \frac{\partial^n \left(C(F_1(x_1), F_2(x_2), \ldots, F_n(x_n)) \right)}{\partial F_1(x_1) \partial F_2(x_2) \ldots \partial F_n(x_n)},$$

woraus ersichtlich ist, dass Gleichung 3.12 äquivalent zu Gleichung 3.11 ist.

Formt man die Darstellung aus Theorem 3.9 um, so erhält man die kanonische Darstellung der Dichtefunktion f der gemeinsamen Verteilungsfunktion F mit

$$f(x_1, x_2, \ldots, x_n) = c(F_1(x_1), F_2(x_2), \ldots, F_n(x_n) \cdot \prod_{i=1}^{n} f_i(x_i). \qquad (3.13)$$

Diese kanonische Schreibweise wird für die Maximum-Likelihood-Schätzung benötigt, welche in Kapitel 5 besprochen wird.

In Abbildung 3.4 sind der Funktionsgraph der Dichte der Gauss-Copula mit Parameter $\rho = 0.7$ sowie dessen Konturen abgebildet.

3.4.5 Konvexe Linearkombinationen

Eine für die Konstruktion von Copulae sehr hilfreiche Eigenschaft ist, dass das Ergebnis einer konvexen Linearkombination von mehreren Copulae-Funktionen wieder eine Copula ergibt.

Theorem 3.10. *Seien C_1 und C_2 zwei Funktionen, die alle Bedingungen einer Copula erfüllen. Dann erfüllt auch die Funktion C mit*

$$C = \lambda C_1 + (1 - \lambda)C_2 \qquad (3.14)$$

für $0 \leq \lambda \leq 1$ alle Anforderungen einer Copula.

Diese Eigenschaft erlaubt mit einfachen Mitteln die Nachbildung von sehr komplexen Abhängigkeitsstrukturen. Es kann beispielsweise eine Copula, welche eine multivariate Normalverteilung abbildet, mit einer Copula verbunden werden, welche ein gemeinsames Auftreten von extremen, negativen Werten abbildet.

Da eine konvexe Linearkombination von zwei Copula-Funktionen zu einer neuen Copula führt, müssen auch auf den Copula-Funktionen basierende Funktionen konvex, linear kombinierbar sein[21]. Dies gilt beispielsweise für die Dichtefunktion und für diverse Abhängigkeitsmaße:

Beispiel 3.8. Seien C_1 und C_2 Copulae, dann ist aufgrund von Theorem 3.10 auch die Funktion $C = \lambda C_1 + (1 - \lambda)C_2$ mit $\lambda \in [0, 1]$ eine Copula. Wenn c_1 und c_2 die Dichtefunktionen von den jeweiligen Copulae sind, dann ist $c = \lambda c_1 + (1 - \lambda)c_2$ die Dichtefunktion von C. Ebenso können die Abhängigkeitsmaße *Tail Dependence*[22], *Kendall's Tau*[23] und *Spearman's Rho*[24] der Copula C durch Linearkombinationen der entsprechenden Abhängigkeitsmaße der Copulae C_1 und C_2 berechnet werden.

3.4.6 Bedingte Copulae

Häufig interessiert man sich für multivariate Verteilungsfunktion, welche auf eine Zufallsvariable bedingt werden.

Definition 3.14. *Sei* $\mathbf{X}$ *ein Zufallsvektor mit* n *Zufallsvariablen und sei* F_i *die Verteilungsfunktion der Zufallsvariable* X_i *für* $i = 1, 2, \ldots, n$. *Dann heißt*

$$F(x_1, \ldots, x_{k-1}, x_{k+1}, \ldots, x_n | x_k) =$$

$$= \mathbb{P}\left[X_1 \leq x_1, \ldots, X_{k-1} \leq x_{k-1}, X_{k+1} \leq x_{k+1}, \ldots, X_n \leq x_n | X_k = x_k\right]$$
(3.15)

bedingte Verteilungsfunktion.

Diese bedingte Verteilungsfunktion lässt sich mit Hilfe der zu F entsprechenden Copula C ausdrücken. Dazu sei mit $u_i = F_i(x_i)$ für alle i die wahrscheinlichkeitstransformierte Zufallsvariable notiert. Aufgrund von Sklar's Theorem gilt

$$\mathbb{P}\left[X_1 \leq x_1, \ldots, X_{k-1} \leq x_{k-1}, X_{k+1} \leq x_{k+1}, \ldots, X_n \leq x_n | X_k = x_k\right] =$$

---

[21]Vgl. Fortin und Kuzmics (2002).

[22]Vgl. Kapitel 4.4.

[23]Vgl. Kapitel 4.3.1.

[24]Vgl. Kapitel 4.3.2.

$$= \lim_{\Delta u_k \to 0} \frac{C\left(u_1, \ldots, u_k + \Delta u_k, \ldots, u_n\right) - C\left(u_1, u_2, \ldots, u_k, \ldots u_n\right)}{\Delta u_k}$$

$$= \frac{\partial C(u_1, u_2, \ldots, u_k, \ldots, u_n)}{\partial u_k}.$$

In Kapitel 3.2 ist bereits gezeigt worden, dass diese partiellen Ableitungen im Sinne des Lebesgue-Maßes *fast sicher* existieren. Somit kann die bedingte Wahrscheinlichkeit auch mit Hilfe von Copulae ausgedrückt werden.

3.5 Familien von Copulae

In Kapitel 3.4 sind die Eigenschaften beschrieben worden, welche eine Copula erfüllen muss. Natürlich gibt es sehr viele Funktionen, welche diese Eigenschaften erfüllen. Für statistische und ökonometrische Zwecke ist es aber durchaus dienlich, eine Reihe von Copulae, welche unterschiedliche Eigenschaften aufweisen, zur Verfügung zu haben.

Man unterscheidet daher vor allem zwischen zwei Familien von Copulae, nämlich den elliptischen und den archimedischen Copulae. Elliptische Copulae bieten den Vorteil, dass man sehr einfach Zufallszahlen generieren kann, die einer eliliptischen Copulae entsprechen. Als Nachteil muss allerdings genannt werden, dass empirische Daten häufig nicht einer elliptischen Verteilung folgen. Archimedische Copulae hingegen sind sehr einfach zu erzeugen und es können viele Eigenschaften empirischer Daten nachgebildet werden.

3.5.1 Elliptische Copulae

Elliptische Copulae sind die Copulae von elliptischen Randverteilungen. Da Daten, welche einer elliptischen Randverteilungen (zB der Normalverteilung) folgen, sehr einfach zu simulieren sind, sind auch multivariate Zufallsdaten mit Hilfe einer elliptischen Copulae einfach zu erzeugen. Aber dennoch ist es möglich, mit Hilfe einer elliptischen Copula multivariate Abhängigkeitsstrukturen zu modellieren, welche über jene einer multivariaten Normalverteilung hinausgehen.

Die wichtigsten Vertreter der elliptischen Copulae sind die *Gauß'sche Copula* und die *t-Copula*.

Gauß Copula

Die Gauß Copula, auch Normal Copula genannt, ist die Copula einer multivariaten Normalverteilung. Eine multivariate Normalverteilung kann nur vorliegen, wenn auch die Randverteilungen normalverteilt sind. Die Gauß Copula beschreibt somit die Abhängigkeitsstruktur, welche die Randverteilungen zu einer multivariaten Normalverteilung zusammenfügt.

Definition 3.15. *Sei* $\mathbf{U} = (U_1, U_2, \ldots, U_n)$ *ein Vektor mit* n *standardgleichverteilten Zufallszahlen, sei* Φ^{-1} *die univariate Quantilsfunktion der Normalverteilung und sei* Φ_R^n *die multivariate Normalverteilung der* n *Zufallsvariablen mit einer positiv definiten Korrelationsmatrix* R. *Dann ist die Gauß Copula* $C_R^{Ga}(\mathbf{u})$ *gegeben mit*

$$C_R^{Ga}(\mathbf{u}) = \Phi_R^n \left(\Phi^{-1}(u_1), \Phi^{-1}(u_2), \ldots, \Phi^{-1}(u_n) \right). \tag{3.16}$$

Definiert man x_i mit $x_i := \Phi^{-1}(u_i)$, so gilt aufgrund des Theorems nach Sklar[25], dass die Variable $\mathbf{u}$ in Gleichung 3.16 mit $\Phi(\mathbf{x})$ ersetzt werden kann und man erhält

$$C_G^{Ga}(\mathbf{u}) = \int_{-\infty}^{\Phi^{-1}(u_1)} \cdots \int_{-\infty}^{\Phi^{-1}(u_n)} \frac{1}{(2\pi)^{\frac{n}{2}} |R|^{\frac{1}{2}}} \exp\left(-\frac{1}{2} \mathbf{x}^T R^{-1} \mathbf{x} \right) dx_1 \cdots dx_n. \tag{3.17}$$

In Abbildung 3.4 sind die Verteilung und Dichte einer zweidimensionalen Gauß Copula[26] und die jeweiligen Konturen der Graphen abgebildet.

Zum Vergleich sind in Abbildung 3.4 noch die entsprechenden bivariaten Verteilungs- und Dichtefunktionen sowie die jeweiligen Konturen dargestellt. Die Verteilung in diesem Bild weist eine Gauß Copula mit $\rho = 0.7$ auf. Für die Randverteilungen sind standardnormale Verteilungen unterstellt worden.

---

[25]Vgl. Kaptiel 3.3
[26]Die Abbildung zeigt einen Parameter von $\rho = 0.7$.

Um zu verdeutlichen, dass die Copula von den gewählten Randverteilungen abhängt, zeigt Abbildung 3.5 die Dichte und Konturen einer bivariaten Gauß Copula mit einer Korrelation von $\rho = 0.9$, wobei für die obere Copula standardnormale Randverteilungen und für die untere Copula Student-t-verteilte Ränder mit $\nu = 3$ Freiheitsgraden gewählt worden sind.

Man kann aus Abbildung 3.5 deutlich erkennen, dass dieselbe Copula bei Verwendung von verschiedenen Rändern unterschiedliche Abhängigkeits-strukturen abbildet. Hieraus wird die hohe Flexibilität bei der Modellierung mit Hilfe von Copulae ersichtlich. Die multivariate Verteilung kann allein durch die Randverteilungen und die Copula dargestellt werden.

Student-t-Copula

Ähnlich wie die Gauß Copula, welche die Copula von normalverteilten Randverteilungen abbildet, ist die Student-t-Copula, die Copula von Student-t-verteilten Randverteilungen und lässt sich folgendermaßen definieren:

Definition 3.16. *Sei* $\mathbf{U} = (U_1, U_2, \ldots, U_n)$ *ein Vektor mit* n *standard-gleichverteilten Zufallszahlen, sei* t^{-1} *die univariate Quantilsfunktion der Student-t-Verteilung und sei* $t^n_{\nu,R}$ *die multivariate Student-t-Verteilung der* n *Zufallsvariablen mit einer positiv definiten Korrelationsmatrix* R *und* ν *Freiheitsgraden. Dann ist die t-Copula* $C^t_{\nu,R}(\mathbf{u})$ *gegeben mit*

$$C^t_{\nu,R}(\mathbf{u}) = t^n_{\nu,R}\left(t^{-1}_\nu(u_1), t^{-1}_\nu(u_2), \ldots, t^{-1}_\nu(u_n)\right). \qquad (3.18)$$

Durch Anwendung des Theorems nach Sklar[27] erhält man

$$C^t_{\nu,R}(\mathbf{u}) =$$
$$\int_{-\infty}^{t^{-1}_\nu(u_1)} \cdots \int_{-\infty}^{t^{-1}_\nu(u_n)} \frac{\Gamma\left(\frac{\nu+n}{2}\right)|R|^{-\frac{1}{2}}}{\Gamma\left(\frac{\nu}{2}\right)(\nu\pi)^{\frac{n}{2}}} \left(1 + \frac{1}{\nu}\mathbf{x}^T R^{-1}\mathbf{x}\right)^{-\frac{\nu+n}{2}} dx_1 \cdots dx_n.$$

In der Abbildung 3.6 sind die Copula und die Dichte sowie deren Konturen einer bivariaten Student-t-Copula mit einem Korrelationskoeffizienten $\rho = 0.5$ und mit $\nu = 4$ Freiheitsgraden abgebildet. Zum Vergleich sind in

---

[27] Vgl. Kaptiel 3.3

41

Abbildung 3.6 wiederum die bivariate Verteilungsfunktion und die bivariate Dichtefunktion dargestellt, welche die obige Copula aufweisen und Student-t-verteilte Ränder mit $\nu = 5$ Freiheitsgraden besitzen.

3.5.2 Archimedische Copulae

Eine weitere Gruppe von Copulae sind die archimedischen Copulae. Copulae dieser Familie sind sehr einfach zu konstruieren und dadurch können sie an viele empirische Eigenschaften von Daten angepasst werden. Bevor einzelne Copulae dieser Familie vorgestellt werden können, müssen einige Grundlagen diskutiert werden.

Definition 3.17. *Sei $\varphi : \mathbf{I} \mapsto \mathbb{R}^+$ eine monoton fallende, stetige und konvexe Funktion, sodass $\varphi(0) = \infty$ und $\varphi(1) = 0$ ist. Sei $\varphi^{[-1]}$ die Pseudo-Inverse*[28] *von φ. Dann heißt die Funktion φ Generatorfunktion einer archimedischen Copula.*

Definition 3.18. *Sei $\varphi(x)$ wie in Definition 3.17 und sei $\varphi^{-1}(x)$ die Inverse Funktion von $\varphi(x)$. Dann ist die Pseudo-Inverse Funktion $\varphi^{[-1]}(x)$ mit*

$$\varphi^{[-1]}(x) = \begin{cases} \varphi^{-1}(x) & 0 \leq x \leq \varphi(0) \\ 0 & \varphi(0) \leq x \leq \infty \end{cases} \tag{3.19}$$

definiert[29].

Somit wird klar, dass $\varphi^{[-1]}$ mit φ^{-1} übereinstimmt, wenn φ eine streng monoton fallende Funktion ist.

Mit Hilfe von Generatorfunktion und Pseudo-Inverser kann nun eine archimedische Copula folgendermaßen konstruiert werden:

Definition 3.19. *Sei φ eine Generatorfunktion mit der Pseudo-Inversen $\varphi^{[-1]}$ und sei $\mathbf{u}$ ein Vektor mit standardgleichverteilten Werten, dann kann eine archimedische Copula C^A mit*

$$C^A(u_1, u_2, \ldots, u_n) = \varphi^{[-1]}\left(\varphi(u_1) + \varphi(u_2) + \cdots + \varphi(u_n)\right) \tag{3.20}$$

---

[28]Siehe Definition 3.18.
[29]Vgl. Nelsen (2006) (S. 21 f).

erzeugt werden.

Eine besondere Erleichterung gilt für den bivariaten Fall: Die Dichte c^A einer bivariaten archimedischen Copula kann mit

$$c^A(u_1, u_2) = \frac{-\varphi\prime\prime\left(C^A(u_1, u_2)\right)\varphi\prime(u_1)\varphi\prime(u_2)}{\left(\varphi\prime\left(C(u_1, u_2)\right)\right)^3} \qquad (3.21)$$

berechnet werden. Aus diesen Eigenschaften wird die Einfachheit im Umgang mit archimedischen Copulae ersichtlich.

Natürlich gibt es viele Funktionen, welche die Ansprüche einer Generatorfunktion erfüllen. Im folgenden sollen die drei am häufigsten verwendeten Copulae beschrieben werden. In der Folge wird mit $\mathbf{U} = (U_1, U_2, \ldots, U_n)$ ein Vektor mit n standardgleichverteilten Zufallsvariablen notiert. Die Zufallsvariable T bezeichnet eine Zufallszahl aus $\mathbb{R}$ mit $t \in \mathbb{R}$. Mit α wird ein Parameter notiert, der für die Form der jeweiligen Copula ausschlaggebend ist.

Gumbel Copula

Definition 3.20. *Sei* $\varphi(u) = (-\log(u))^\alpha$ *eine Generatorfunktion und sei* $\varphi^{-1}(t) = \exp\left(-t^{\frac{1}{\alpha}}\right)$ *die inverse Funktion der Generatorfunktion für* $\alpha > 1$. *Dann ist die Gumbel Copula* C *mit*

$$C(u_1, u_2, \ldots, u_n) = \exp\left(-\left(\sum_{i=1}^{n}(-\log u_i)^\alpha\right)^{\frac{1}{\alpha}}\right) \qquad (3.22)$$

gegeben.

In Abbildung 3.7 sind eine bivariate Gumbel Copula mit einem Parameter von $\alpha = 2$, die Dichte dieser Copula sowie die jeweiligen Konturen abgebildet. Auch die bivariate Verteilungs- und Dichtefunktion bei Unterstellung standardnormaler Randverteilungen sind abgebildet. Man kann erkennen, dass die Gumbel Copula ein gemeinsames Auftreten von extremen, positiven Werten (*Upper Tail Dependence*) abbildet, während extreme, negative

Werte kaum gemeinsam auftreten (*Lower Tail Dependence*). Wie stark solche Tail-Abhängigkeiten ausgeprägt sind, hängt bei allen archimedischen Copulae vom gewählten Parameter α ab.

Clayton Copula

Definition 3.21. *Sei* $\varphi(u) = u^{-\alpha} - 1$ *eine Generatorfunktion und sei* $\varphi^{-1}(t) = (t + 1)^{-\frac{1}{\alpha}}$ *die inverse Funktion der Generatorfunktion für* $\alpha > 0$. *Dann ist die Clayton Copula* C *mit*

$$C(u_1, u_2, \ldots, u_n) = \left(\sum_{i=1}^{n} u_i^{-\alpha} - n + 1 \right)^{-\frac{1}{\alpha}} \qquad (3.23)$$

gegeben.

Aus Abbildung 3.8, welche eine bivariate Clayton Copula, deren Dichte und die entsprechenden Konturen darstellt, geht hervor, dass mit Hilfe einer Clayton Copula Lower Tail Dependence abgebildet werden kann. Mit anderen Worten heißt dies, eine Clayton Copula beschreibt ein gemeinsames Auftreten von extremen, negativen Werten. Auch die bivariate Verteilungs- und Dichtefunktion mit standardnormalen Randverteilungen ist dargestellt.

Frank Copula

Definition 3.22. *Sei* $\varphi(u) = \log\left(\frac{e^{-\alpha u}-1}{e^{-\alpha}-1}\right)$ *eine Generatorfunktion und sei* $\varphi^{-1}(t) = -\frac{1}{\alpha}\log\left(1 + e^t(e^{-\alpha} - 1)\right)$ *die inverse Funktion der Generatorfunktion für* $\alpha > 0$ *und* $n \geq 2$. *Dann ist die Frank Copula* C *mit*

$$C(u_1, u_2, \ldots, u_n) = -\frac{1}{\alpha}\log\left(1 + \frac{\prod_{i=1}^{n}(e^{-\alpha u_i} - 1)}{(e^{-\alpha} - 1)^{n-1}}\right) \qquad (3.24)$$

gegeben.

Die Frank Copula bildet keine Abhängigkeiten in den Tails ab. Dies ist aus der Abbildung 3.9, welche die Copula, die Dichte und die jeweiligen Konturen abbildet, ersichtlich.

Natürlich gibt es noch viele weitere archimedische Copulae-Funktionen. Beispielsweise beschreibt Joe (1997) einige Funktionen sowohl mit einem als auch mit zwei Parametern. Auch Nelsen (2006) listet 22 verschiedene archimedische Generatorfunktionen. Eine Übersicht über 20 dieser 22 Funktionen ist in Appendix B dargestellt.

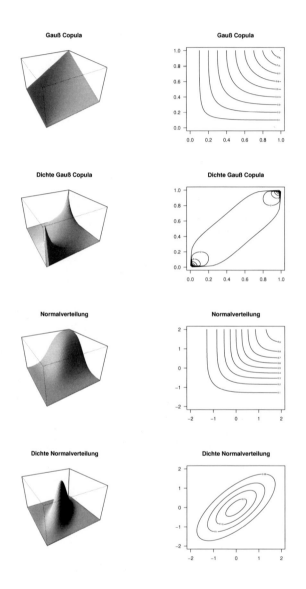

Abbildung 3.4: Gauss Copula mit $\rho = 0.7$: Copula, Dichte, bivariate Verteilungs- und Dichtefunktion bei standardnormalen Randverteilungen sowie die jeweiligen Konturen

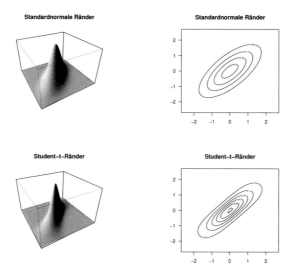

Abbildung 3.5: Dichte und Konturen einer bivariaten Verteilungsfunktion mit einer Gauß Copula mit $\rho = 0.9$ für standardnormale und für Student-t-verteilte Randverteilungen mit $\nu = 3$

3 Copulae

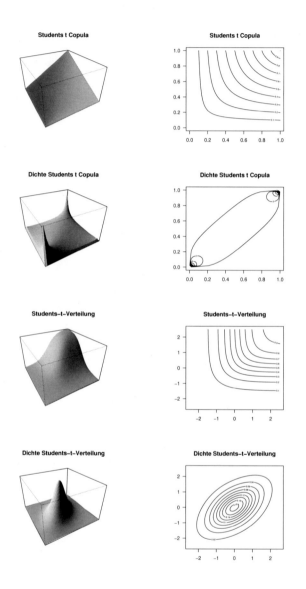

Abbildung 3.6: T Copula mit $\rho = 0.5$ und $\nu = 4$: Copula, Dichte, bivariate Verteilungs- und Dichtefunktion bei standardnormalen Randverteilungen sowie die jeweiligen Konturen

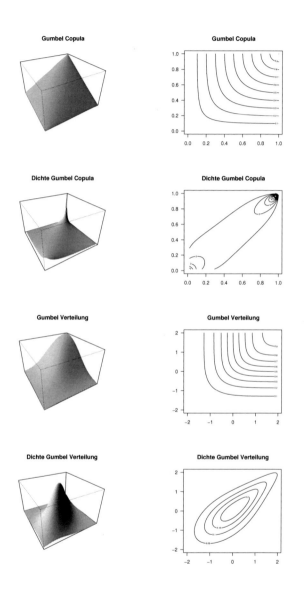

Abbildung 3.7: Gumbel Copula mit $\alpha = 2$: Copula, Dichte, bivariate Verteilungs- und Dichtefunktion bei standardnormalen Randverteilungen sowie die jeweiligen Konturen

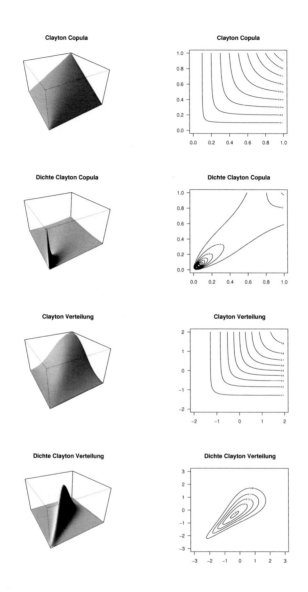

Abbildung 3.8: Clayton Copula mit $\alpha = 2.2$: Copula, Dichte, bivariate Verteilungs- und Dichtefunktion bei standardnormalen Randverteilungen sowie die jeweiligen Konturen

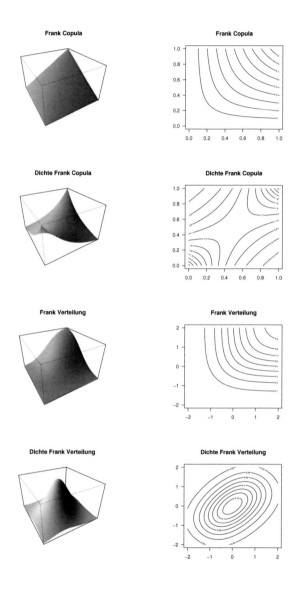

Abbildung 3.9: Frank Copula mit $\alpha = 2.2$: Copula, Dichte, bivariate Verteilungs- und Dichtefunktion bei standardnormalen Randverteilungen sowie die jeweiligen Konturen

Kapitel 4

Nicht-Lineare Abhängigkeitsmaße

In Kapitel 2.1.2 ist bereits ein bekanntes Abhängigkeitsmaß diskutiert worden, nämlich der Korrelationskoeffizient nach Pearson. Allerdings ist dieses Maß nur dann zur Beschreibung von Abhängigkeiten zwischen zwei Zufallsvariablen geeignet, wenn die beiden Zufallsvariablen eine elliptische Verteilung als gemeinsame Verteilung besitzen.

Es ist auch gezeigt worden, dass die Korrelation nicht invariant ist[1] und dass der Korrelationskoeffizient dadurch häufig zu falschen Interpretationen der tatsächlichen Abhängigkeitsstruktur führt.

Eine Copula kombiniert Informationen über die Randverteilungen der Zufallsvariablen und Informationen über deren Abhängigkeit. Eine Copula-Funktion beschreibt die Abhängigkeit aber nicht-parametrisch, ist unabhängig von den verwendeten Randverteilungen und Copulae sind invariant[2]. Somit ist es naheliegend, dass auch diverse Abhängigkeitsmaße basierend auf Copula-Funktionen definiert werden. Ziel dieses Kapitels ist es, einige solche Abhängigkeitsmaße vorzustellen.

An dieser Stelle sei erwähnt, dass in diesem Kapitel lediglich die theoretischen Grundlagen zu diversen Abhängigkeitsmaßen diskutiert werden.

---

[1]Vgl. Gleichung 2.3.

[2]Vgl. Abschnitt 3.4.1.

Beispiele zu den diskutierten Maßen werden in Kapitel 6.2 gebracht. Diese Trennung von Beispielen und theoretischen Grundlagen wird vorgenommen, weil die Auswahl einer geeigneten Copula für die Berechnung der Maße maßgeblich ist. Daher wird in Kapitel 5 zunächst diskutiert, wie eine geeignete Copula gefunden werden kann.

4.1 Gewünschte Eigenschaften

Bevor mit der Beschreibung der invarianten Abhängigkeitsmaße begonnen wird, sollen einige Eigenschaften diskutiert werden, welche ein Abhängigkeitsmaß erfüllen sollte.

Ein Abhängigkeitsmaß δ soll die Abhängigkeitsstruktur zwischen zwei Zufallsvariablen X und Y mit einer einzigen, reelen Zahl beschreiben. Idealerweise sollte ein Abhängigkeitsmaß $\delta(X, Y)$ folgende Bedingungen erfüllen[3]:

1. Das Abhängigkeitsmaß sollte symmetrisch sein: $\delta(X, Y) = \delta(Y, X)$.

2. Der Wert des Abhängigkeitsmaßes sollte normalisiert sein, das heißt: $-1 \leq \delta(X, Y) \leq 1$.

3. Sind zwei Zufallsvariablen komonoton[4], so soll das Abhängigkeitsmaß mit $\delta(X, Y) = 1$ maximal sein. Sind zwei Zufallsvariablen kontermonoton[5], dann soll das Abhängigkeitsmaß mit $\delta(X, Y) = -1$ minimal sein.

4. Sei $T : \mathbb{R} \mapsto \mathbb{R}$ eine streng monotone Funktion, dann sollte

$$\delta\left(T(X), Y\right) = \begin{cases} \delta(X, Y) & \text{falls } T \text{ eine steigende Funktion ist,} \\ -\delta(X, Y) & \text{falls } T \text{ eine fallende Funktion ist,} \end{cases} \tag{4.1}$$

gelten. Mit anderen Worten heißt dies, ein Abhängigkeitsmaß δ sollte invariant gegenüber monotonen Transformationen einer Zufallsvariable sein.

---

[3]Nach Embrechts u. a. (1999).
[4]Vgl. Definition 3.11.
[5]Vgl. Definition 3.12.

5. Sind zwei Zufallsvariablen X und Y unabhängig, so sollte das Abhängigkeitsmaße $\delta(X, Y) = 0$ sein.

Der lineare Korrelationskoeffizient nach Pearson erfüllt nur die ersten beiden dieser Eigenschaften. Rangkorrelationen, welche in Abschnitt 4.3 vorgestellt werden, erfüllen desweiteren noch die Eigenschaften drei und vier.

Der fünfte Punkt führt im Zusammenhang mit dem Korrelationskoeffizienten nach Pearson häufig zu Interpretationsproblemen[6], denn Unabhängigkeit zweier Zufallsvariablen impliziert eine Korrelation von null, eine Korrelation von null ist aber nicht zwingend ein Indiz für Unabhängigkeit.

Leider gilt dies auch für Rangkorrelationen. Embrechts u. a. (1999)[7] zeigen nämlich, dass es kein Abhängigkeitsmaß geben kann, dass sowohl die vierte als auch die fünfte Eigenschaft erfüllt.

4.2 Konkordanz (Concordance)

Im vorigen Abschnitt ist schon von Rangkorrelationen gesprochen worden. Bevor diese nun definiert werden können, muss noch der Begriff der *Konkordanz*[8] erläutert werden.

Betrachtet man zwei Zufallsvariablen, so heißen sie konkordant, wenn die Tendenz besteht, dass hohe (niedrige) Werte einer Zufallsvariablen dann auftreten, wenn die andere Zufallsvariable ebenfalls hohe (niedrige) Werte annimmt. Mathematisch lässt sich das folgendermaßen definieren:

Definition 4.1. *Seien (x_i, y_i) und (x_j, y_j) zwei Beobachtungen des Zufallsvektors (X, Y), dann heißen (x_i, y_i) und (x_j, y_j) konkordant, wenn $x_i < x_j$ und $y_i < y_j$ bzw. wenn $x_i > x_j$ und $y_i > y_j$ gilt.*

Diskonkordanz liegt vor, wenn die Tendenz besteht, dass hohe (niedrige) Werte einer Zufallsvariablen dann auftreten, wenn die zweite Zufallsvariable niedrige (hohe) Werte realisiert.

---

[6]Vgl. Abschnitt 2.1.2.
[7]Proposition 3 auf S. 15.
[8]Engl.: concordance.

Definition 4.2. *Seien (x_i, y_i) und (x_j, y_j) zwei Beobachtungen des Zufalls-vektors (X, Y), dann heißen (x_i, y_i) und (x_j, y_j) konkordant, wenn $x_i < x_j$ und $y_i > y_j$ bzw. wenn $x_i > x_j$ und $y_i < y_j$ gilt.*

Alternativ könnte man die Definitionen 4.1 und 4.2 folgendermaßen beschreiben: Die beiden Beobachtungen heißen konkordant, wenn $(x_i - x_j)(y_i - y_j) > 0$ gilt. Diskonkordanz liegt vor, wenn $(x_i - x_j)(y_i - y_j) < 0$ gilt.

4.3 Rangkorrelation

Rangkorrelationen[9] beruhen auf der Definition von Konkordanz. Die zwei wichtigsten Vertreter der Rangkorrelationen sind *Kendall's Tau* τ und *Spearman's Rho* ρ_S. Für den Fall, dass zwei Zufallsvariablen keine elliptische Verteilung als gemeinsame Verteilung besitzen, bieten diese beiden Abhängigkeitsmaße eine mögliche Alternative zum linearen Korrelationskoeffizienten nach Pearson. Daher sollen diese Rangkorrelationen in den folgenden Abschnitten näher beschrieben werden.

4.3.1 Kendall's Tau

Betrachtet man n Realisierungen $\{(x_1, y_1), (x_2, y_2), \ldots, (x_n, y_n)\}$ des Zufalls-vektors (X, Y) mit stetigen Zufallsvariablen, dann gibt es $\binom{n}{2}$ Paare (x_i, y_i) und (x_j, y_j) an Beobachtungen in der Stichprobe. Jedes dieser Paare ist entweder konkordant oder diskonkordant. Kendall's Tau ist nun gegeben mit

$$\frac{\text{Anzahl der konkordanten Paare} - \text{Anzahl der diskonkordanten Paare}}{\text{Anzahl der Paare}}.$$

Kendall's Tau beschreibt daher die Wahrscheinlichkeit des Auftretens von konkordanten Paaren abzüglich der Wahrscheinlichkeit der Realisierung von diskonkordanten Paaren. Somit lässt sich Kendall's Tau folgendermaßen definieren:

---

[9]Formale Diskussionen folgen Nelsen (2006) und Embrechts u. a. (2003).

Definition 4.3. *Seien* (X_1, Y_1) *und* (X_2, Y_2) *zwei unabhängige und identisch verteilte Zufallsvektoren, die beide dieselbe gemeinsame Verteilungsfunktion* H *besitzen. Dann ist Kendall's Tau* τ *mit*

$$\tau(X,Y) = \mathbb{P}\left[(X_1 - X_2)(Y_1 - Y_2) > 0\right] - \mathbb{P}\left[(X_1 - X_2)(Y_1 - Y_2) < 0\right] \quad (4.2)$$

gegeben[10].

Aufgrund von Definition 4.3 wird es offensichtlich, dass sich Kendall's Tau τ mit Hilfe von Copulae-Funktionen definieren lässt:

Theorem 4.1. *Seien* X_1 *und* X_2 *stetige Zufallsvariablen mit den Randverteilungen* F_1 *und* F_2 *und mit der Copula* C. *Sei* $u_1 = F_1(x_1)$ *und sei* $u_2 = F_2(x_2)$[11]. *Dann ist Kendall's Tau* τ *mit*

$$\tau = 4 \int_0^1 \int_0^1 C(u,v) \, dC(u,v) - 1 \quad (4.3)$$

gegeben, wobei $dC(u,v) = \frac{\partial^2 C(u,v)}{\partial u \partial v} du dv$ *ist.*

Zur Herleitung von Definition 4.1 müssen die beiden Terme aus Gleichtung 4.2 näher betrachtet werden. Dazu müssen aber noch folgende Variablen definiert werden:

Sei F_X die Verteilungsfunktion von X_1 als auch von X_2 und sei F_Y die Verteilungsfunktion von Y_1 sowie von Y_2. Sei H_1 die gemeinsame Verteilungsfunktion von (X_1, Y_1) uns sei C_1 die entsprechende Copula. Sei H_2 die gemeinsame Verteilungsfunktion von (X_2, Y_2) mit der Copula C_2.

Betrachtet man zunächst den zweiten Term $\mathbb{P}\left[(X_1 - X_2)(Y_1 - Y_2) < 0\right]$ aus Gleichtung 4.2, so gilt

$$\mathbb{P}\left[(X_1 - X_2)(Y_1 - Y_2) < 0\right] = 1 - \mathbb{P}\left[(X_1 - X_2)(Y_1 - Y_2) > 0\right].$$

Somit kann Gleichung 4.2 zu

$$\tau = 2\mathbb{P}\left[(X_1 - X_2)(Y_1 - Y_2) > 0\right] - 1 \quad (4.4)$$

---

[10]Hier wird die alternative Definition für (Dis-)Konkordanz aus Abschnitt 4.2 verwendet.

[11]In der Folge werden Transformationen der Art $u_i = F_i(x_i)$ als Wahrscheinlichkeitstransformation bezeichnet.

umgeformt werden.

Betrachtet man nun den Term $\mathbb{P}\left[(X_1 - X_2)(Y_1 - Y_2) > 0\right]$ aus der Gleichung 4.2, welcher die Wahrscheinlichkeit des Auftretens von konkordanten Paaren beschreibt, so muss berücksichtigt werden, dass

$$\mathbb{P}\left[(X_1 - X_2)(Y_1 - Y_2) > 0\right] = \mathbb{P}\left[X_1 < X_2, Y_1 < Y_2\right] + \mathbb{P}\left[X_1 > X_2, Y_1 > Y_2\right]$$

ist. Der Term $\mathbb{P}\left[X_1 > X_2, Y_1 > Y_2\right]$ kann folgendermaßen umgeformt werden:

$$
\begin{aligned}
\mathbb{P}\left[X_1 > X_2, Y_1 > Y_2\right] &= \mathbb{P}\left[X_2 < X_1, Y_2 < Y_1\right] \\
&= \int_{-\infty}^{\infty} \int_{-\infty}^{\infty} \mathbb{P}\left[X_2 \le x, Y_2 \le y\right] dH_1(x,y) \\
&= \int_{-\infty}^{\infty} \int_{-\infty}^{\infty} \mathbb{P}\left[H_2(x,y)\right] dH_1(x,y) \\
&= \int_{-\infty}^{\infty} \int_{-\infty}^{\infty} \mathbb{P}\left[C_2(F_X(x), F_Y(y)\right] dC_1(F_X(x), F_Y(y)).
\end{aligned}
$$

Durch Anwendung der Wahrscheinlichkeitstransformation erhält man letztendlich

$$\mathbb{P}\left[(X_1 - X_2)(Y_1 - Y_2) > 0\right] = \int_0^1 \int_0^1 C_2(u,v) dC_1(u,v).$$

Ähnlich lässt sich für den zweiten Term $\mathbb{P}\left[(X_1 - X_2)(Y_1 - Y_2) > 0\right]$ zeigen, dass

$$
\begin{aligned}
\mathbb{P}\left[(X_1 - X_2)(Y_1 - Y_2) < 0\right] &= \mathbb{P}\left[X_1 < X_2, Y_1 < Y_2\right] \\
&= \int_{-\infty}^{\infty} \int_{-\infty}^{\infty} \mathbb{P}\left[X_2 > x, Y_2 > y\right] dH_1(x,y) \\
&= \int_{-\infty}^{\infty} \int_{-\infty}^{\infty} \left(1 - F_X(x) - F_Y(y) + H_2(x,y)\right) dH_1(x,y) \\
&= \int_{-\infty}^{\infty} \int_{-\infty}^{\infty} \left(1 - F_X(x) - F_Y(y) + \right. \\
&\quad \left. + C_2(F_X(x), F_Y(y))\right) dC_1(F_X(x), F_Y(y)) \\
&= \int_0^1 \int_0^1 \left(1 - u - v + C_2(u,v)\right) dC_1(u,v)
\end{aligned}
$$

gilt. Da C_1 die gemeinsame Verteilung von einem standardgleichverteilten Zufallsvektor (U, V) ist, sind $\mathbb{E}(U) = \mathbb{E}(V) = \frac{1}{2}$. Daraus folgt

$$
\begin{aligned}
\mathbb{P}\left[(X_1 - X_2)(Y_1 - Y_2) < 0\right] &= \int_0^1 \int_0^1 (1 - u - v + C_2(u,v))\, dC_1(u,v) \\
&= 1 - \frac{1}{2} - \frac{1}{2} + \int_0^1 \int_0^1 (C_2(u,v))\, dC_1(u,v) \\
&= \int_0^1 \int_0^1 (C_2(u,v))\, dC_1(u,v).
\end{aligned}
$$

Somit ist

$$
\mathbb{P}\left[(X_1 - X_2)(Y_1 - Y_2) > 0\right] = 2 \int_0^1 \int_0^1 (C_2(u,v))\, dC_1(u,v). \tag{4.5}
$$

Setzt man Gleichung 4.5 nun in Gleichung 4.4 ein, so erhält man

$$
\tau = 4 \int_0^1 \int_0^1 (C_2(u,v))\, dC_1(u,v) - 1. \tag{4.6}
$$

Da die Zufallsvektoren $(X_1, Y_1), (X_2, Y_2)$ aufgrund von Definition 4.3 dieselbe Verteilungsfunktion H besitzen, haben sie natürlich auch dieselbe Copula. Somit sind C_1 und C_2 aus Gleichung 4.6 ident und man erhält Gleichung 4.3 aus Theorem 4.1.

Die Definition von Kendall's Tau τ auf Basis von Theorem 4.1 erfordert die Verwendung von stochastischen Integralen. Um die Berechnung zu erleichtern, kann Gleichung 4.3 auf

$$
\tau = 1 - 4 \int_0^1 \int_0^1 \frac{\partial C(u,v)}{\partial u} \frac{\partial C(u,v)}{\partial v}\, du\, dv \tag{4.7}
$$

vereinfacht werden. Diese Vereinfachung beruht auf einem Theorem nach Li u. a. (2002). Der Beweis für die Richtigkeit ist in Li u. a. (2002) bzw. in Nelsen (2006) auf S. 164 zu finden.

Betrachtet man eine archimedische Copula, so lässt sich Kendall's Tau τ

mit

$$\tau = 1 + 4 \int_0^1 \frac{\varphi(t)}{\varphi\prime(t)} dt \qquad (4.8)$$

berechnen, wobei $\varphi(t)$ für eine Generatorfunktion mit $t \in \mathbb{R}$ steht und $\varphi\prime(t)$ die erste Ableitung der Gerneratorfunktion darstellt. Den Beweis für die Gültigkeit von Gleichung 4.8 zeigt beispielsweise Nelsen (2006) in Corollary 5.1.4.

Interpretation von Kendall's Tau τ

Das Abhängigkeitsmaß Kendall's Tau τ erlaubt (im bivariaten Fall) eine grafische Interpretation. Dazu sei zunächst die Produktcopula $\Pi = uv$ betrachtet. Man kann Kendall's Tau τ_{C_Π} der Produktcopula auf Basis von Gleichung 4.3 berechnen. Da

$$
\begin{aligned}
dC_\Pi(u, v) &= \frac{\partial^2 C_\Pi(u, v)}{\partial u \partial v} du dv \\
&= \frac{\partial^2 uv}{\partial u \partial v} du dv
\end{aligned}
$$

ist, lässt sich Kendall's Tau τ folgendermaßen berechnen:

$$
\begin{aligned}
\tau_{C_\Pi} &= 4 \int_0^1 \int_0^1 uv \, du dv - 1 \\
&= 4 \cdot \frac{1}{2} \cdot \frac{1}{2} - 1 \\
&= 0
\end{aligned}
$$

Auf ähnliche Weise lässt sich zeigen, dass Kendall's Tau τ_{C_l} der unteren Fréchet-Höffding Grenze $C_l = \max\{u + v - 1, 0\}$ mit

$$
\begin{aligned}
\tau_{C_l} &= 4 \int_0^1 \int_0^1 \max(u + v - 1, 0) - 1 \\
&= 4 \int_0^1 \int_0^1 0 \, du - 1 \\
&= -1
\end{aligned}
$$

gegeben ist. Somit beschreibt τ_{C_l} die größtmögliche negative Abhängigkeit zweier Zufallsvariablen. Für Kendall's Tau τ_{C_u} der oberen Fréchet-Höffding Grenze $C_u = \min\{u, v\}$ erhält man

$$
\begin{aligned}
\tau_{C_u} &= 4 \int_0^1 u \, du - 1 \\
&= 1
\end{aligned}
$$

und τ_{C_u} beschreibt daher die größtmögliche positive Abhängigkeit zwischen zwei Zufallsvariablen. Da die Produktcopula C_Π die Copula von unabhängigen Zufallsvariablen ist, beschreibt τ_{C_Π} Unabhängigkeit. Kendall's Tau τ lässt sich daher als eine Konkordanz-Achse interpretieren: Es wird eine beliebige Copula C auf Konkordanz untersucht, wobei die Achse mit den Fréchet-Grenzen beschränkt ist.

4.3.2 Spearman's Rho

Ähnlich wie Kendall's Tau τ basiert auch Spearman's Rho ρ_S auf Konkordanz. Allerdings werden nun drei Zufallsvektoren $(X_1, Y_1), (X_2, Y_2)$ und (X_3, Y_3) betrachtet und es werden die Paare (X_1, Y_1) und (X_2, Y_3)[12] auf Konkordanz untersucht. Daher kann man Spearman's Rho ρ_S folgendermaßen definieren:

Definition 4.4. *Seien* $(X_1, Y_1), (X_2, Y_2)$ *und* (X_3, Y_3) *drei unabhängige und identisch verteilte Zufallsvektoren, die dieselbe gemeinsame Verteilungsfunktion H und dieselbe Copula C besitzen. Dann ist Spearman's Rho ρ_S mit*

$$
\rho_S = 3 \left(\mathbb{P}\left[(X_1 - X_2)(Y_1 - Y_3) > 0 \right] - \mathbb{P}\left[(X_1 - X_2)(Y_1 - Y_3) < 0 \right] \right) \quad (4.9)
$$

gegeben.

Definition 4.4 besagt, dass der Zufallsvektor (X_1, Y_1) die gemeinsame Verteilung $H(x, y)$ besitzt. Der Zufallsvektor (X_2, Y_3) hingegen weist die Produktcopula als gemeinsame Verteilungsfunktion auf[13], weil Unabhängigkeit der Zufallsvariablen unterstellt wird.

---

[12]Alternativ könnte auch der Zufallsvektor (X_3, Y_2) herangezogen werden.

[13]Wenn F_2 und F_3 die Verteilungsfunktionen von X_2 und Y_3 abbilden, dann ist die gemeinsame Verteilung mit $F_2(x)F_3(y)$ gegeben.

Theorem 4.2. *Seien X und Y zwei stetige Zufallsvariablen mit Copula C.*
Dann kann Spearman's Rho ρ_S mit

$$\rho_{S_C} = 3 \cdot \left(4 \int_0^1 \int_0^1 uv \, dC(u,v) - 1 \right) \tag{4.10}$$

$$= 12 \int_0^1 \int_0^1 C(u,v) \, du dv - 3 \tag{4.11}$$

berechnet werden.

Die Gültigkeit von Theorem 4.2 geht aus Gleichung 4.6 hervor, welche zur Beweisführung von Kendall's Tau verwendet wird. Wie bereits erwähnt, muss aufgrund der Unabhängigkeit von X_2 und Y_3 die Copula $C_2(u,v)$ in Gleichung 4.6 durch die Produktcopula $C_\Pi = uv$ ersetzt werden. Dadurch erhält man die Gleichungen aus Theorem 4.2.

Wie bei Kendall's Tau τ in Abschnitt 4.3.1 kann man zeigen, dass für die untere Fréchet-Höffding Grenze C_l, für die Produktcopula C_Π und für die obere Fréchet-Höffding Grenze C_u

$$\rho_{S_{C_l}} = 3 \cdot \left(4 \int_0^1 \int_0^1 \max(u + v - 1, 0) - 1 \right) = -1$$

$$\rho_{S_{C_\Pi}} = 3 \cdot \left(4 \int_0^1 \int_0^1 uv \, du dv - 1 \right) = 0$$

$$\rho_{S_{C_u}} = 3 \cdot \left(4 \int_0^1 u \, du - 1 \right) = 1$$

gilt. Somit beschreibt Spearman's Rho ρ_S perfekte negative Abhängigkeit mit $\rho_S = -1$. Sind die Zufallsvariablen unabhängig, so ist $\rho_S = 0$ und liegt perfekte positive Abhängigkeit vor, so ist $\rho_S = 1$.

Spearman's Rho ρ_S und τ können stark voneinander abweichen. Der Grund dafür liegt darin, dass ρ_S die Konkordanz von drei Paaren an Realisierungen untersucht, τ hingegen untersucht jeweils nur die Konkordanz von zwei Paaren an Realisierungen.

Berücksichtigt man, dass U und V aus Gleichung 4.10 standardgleichverteilte Zufallsvariablen sind, welche einen Erwartungswert von $\mathbb{E}[U] = \mathbb{E}[V] = \frac{1}{2}$, eine Varianz von $\mathbb{V}[U] = \mathbb{V}[V] = \frac{1}{12}$ und eine gemeinsame Verteilung C haben, dann lässt sich Gleichung 4.10 folgendermaßen umformen:

$$
\begin{aligned}
\rho_{S_C} &= 3 \cdot \left(4 \int_0^1 \int_0^1 uv \, dC(u,v) - 1 \right) \\
&= 12 \int_0^1 \int_0^1 C(u,v) \, du dv - 3 \\
&= 12\mathbb{E}[UV] - 3 = \frac{\mathbb{E}[UV] - \frac{1}{4}}{\frac{1}{12}} \\
&= \frac{\mathbb{E}[UV] - \mathbb{E}[U]\mathbb{E}[V]}{\sqrt{\mathbb{V}[U]}\sqrt{\mathbb{V}[V]}} \\
&= \rho_P(U,V),
\end{aligned}
$$

wobei ρ_P für die lineare Korrelation nach Pearson steht. Somit ist Spearman's Rho ρ_S ident mit Pearson's linearer Korrelation zwischen zwei wahrscheinlichkeitstransformierten Zufallsvariablen.

ρ_S bietet zwei verschiedene geometrische Interpretationen: Zunächst kann man ρ_{S_C} als Volumen der Copula C in $\mathbf{I}^2$ interpretieren, wobei eine Skalierung vorgenommen wird, sodass ρ_{S_C} im Intervall $[-1, 1]$ liegt. Andererseits kann ρ_{S_C} als das Volumen zwischen der Copula C und der Produktcopula Π interpretiert werden.

Zur Verdeutlichung sind in Abbildung 4.1 ganz links die untere Fréchet-Höffding Grenze C_l mit $\rho_{S_{C_l}} = -1$, die Produktcopula C_Π mit $\rho_{S C_\Pi} = 0$ und die obere Fréchet-Höffding Grenze mit $\rho_{S_{C_u}} = 1$ abgebildet, wobei auf den horizontalen Achsen die wahrscheinlichkeitstransformierten Wertebereiche der Zufallsvariablen dargestellt sind und die vertikale Achse den Bildbereich der Copula zeigt.

Der standardisierte Unterschied des Volumens zwischen C_l (in Abbildung 4.1 ganz links) und Π (mitte) beträgt -1, zwischen C_u (ganz rechts) und Π beträgt die standardisierte Differenz 1.

Abbildung 4.1: C_l mit $\rho_{S_{C_l}} = -1$, C_{Π} mit $\rho_{S_{C_{\Pi}}} = 0$ und C_u mit $\tau_{S_{C_u}} = 1$

4.4 Tail Dependence

Spearman's Rho ρ_S und Kendall's Tau τ beschreiben, ob hohe (niedrige) Realisierungen der ersten Zufallsvariable gemeinsam mit hohen (niedrigen) Realisierungen der zweiten Zufallsvariable auftreten. In der Analyse von Finanzzeitreihen interessiert man sich unter anderem dafür, ob extreme Ereignisse gemeinsam auftreten. Treten beispielsweise extreme negative Ausreißer zweier Finanzzeitreihen gemeinsam auf, so bedarf dies besonderer Maßnahmen für das Riskomanagement.

Mit dem Konzept der *Tail Dependence* können solche Ereignisse genauer definiert werden, denn *Tail Dependence*[14] beschreibt die Abhängigkeit in den Schwänzen von Verteilungen. Da sowohl negative extreme Ereignisse sowie sowie positive extreme Ereignisse unterschieden werden können, können zwei Abhängigkeitsmaße definiert werden, welche das gemeinsame Auftreten von extremen Ereignissen beschreiben: der *Upper-Tail-Dependence*-Parameter λ_U, welcher ein gemeinsames Auftreten von extremen, hohen Werten beschreibt, und der *Lower-Tail-Dependence*-Parameter λ_L, welcher das gemeinsame Auftreten von extremen, niedrigen Werten abbildet.

Upper Tail Dependence

Formal lässt sich der *Upper-Tail-Dependence*-Parameter λ_U folgendermaßen definieren:

---

[14]Die formale Diskussion erfolgt in Anlehnung an Embrechts u. a. (2003).

Definition 4.5. *Seien X und Y zwei stetige Zufallsvariablen mit den Randverteilungen $X \sim F$ und $Y \sim G$. Seien F^{-1} und G^{-1} die Quantilsfunktionen von F und G und sei $u \in [0,1]$. Dann ist* Upper Tail Dependence λ_U *mit*

$$\lambda_U = \lim_{u \to 1^-} \mathbb{P}\left[Y > G^{-1}(u) | X > F^{-1}(u)\right] \tag{4.12}$$

gegeben, vorausgesetzt, dass der rechte Limes[15] existiert.

λ_U beschreibt somit die Wahrscheinlichkeit, dass Y größer als ein Quantil $G^{-1}(u)$ ist, wobei aber vorausgesetzt wird, dass auch X größer als das Quantil $F^{-1}(u)$ ist. λ_U liegt somit zwischen null und eins. Ist $\lambda_U = 0$, dann heißen X und Y asymptotisch unabhängig in den oberen Schwänzen (Upper Tail). Ist $\lambda_U \in (0,1]$, dann heißen X und Y asymptotsich abhängig im Upper Tail.

Wendet man auf $\mathbb{P}\left[Y > G^{-1}(u) | X > F^{-1}(u)\right]$ den Satz von Bayes an und führt man weitere Umformungen durch[16], so erhält man

$$\mathbb{P}\left[Y > G^{-1}(u) | X > F^{-1}(u)\right] = \frac{\mathbb{P}\left[Y > G^{-1}(u), X > F^{-1}(u)\right]}{\mathbb{P}\left[X > F^{-1}(u)\right]} =$$

$$= \frac{1 - \mathbb{P}\left[Y \leq G^{-1}(u)\right] - \mathbb{P}\left[X \leq F^{-1}(u)\right] + \mathbb{P}\left[Y \leq G^{-1}(u), X \leq F^{-1}(u)\right]}{1 - \mathbb{P}\left[X \leq F^{-1}(u)\right]}.$$

Es gilt, dass $\mathbb{P}\left[X \leq F^{-1}(u)\right] = F\left(F^{-1}(u)\right) = u$ und $\mathbb{P}\left[Y \leq G^{-1}(u)\right] = G\left(G^{-1}(u)\right) = u$ ist. Wenn C die Copula von X und Y ist, gilt somit $\mathbb{P}\left[Y \leq G^{-1}(u), X \leq F^{-1}(u)\right] = C(u,u)$. Aufgrund dieser Umformungen lässt sich Definition 4.5 folgendermaßen umformulieren:

Theorem 4.3. *Seien X, Y und u wie in Definition 4.5 und sei C die Copula von X und Y. Dann ist der Parameter λ_U mit*

$$\lambda_U = \lim_{u \to 1^-} \left(\frac{1 - 2u + C(u,u)}{1 - u}\right) \tag{4.13}$$

gegeben.

---

[15]Der rechte Limes wird mit einem hochgestellten Minuszeichen nach der Konstanten notiert. Ein hochgestelltes Pluszeichen steht für den linken Limes.

[16]Vgl. Embrechts u. a. (2003).

Lower Tail Dependence

Lower Tail Dependence, ausgedrückt durch den Parameter λ_L, ist ähnlich definiert wie *Upper Tail Dependence*. Allerdings sollen die Realisierungen nun kleiner als ein bestimmtes Quantil sein:

Definition 4.6. *Seien X, Y, u, F und G wie in Definition 4.5. Dann ist der* Lower-Tail-Dependence-*Parameter λ_L mit*

$$\lambda_L = \lim_{t \to 0^+} \mathbb{P}\left[Y \leq G^{-1}(u) | X \leq F^{-1}(u)\right] \tag{4.14}$$

gegeben.

Aufgrund des Satzes von Bayes gilt

$$\mathbb{P}\left[Y \leq G^{-1}(u) | X \leq F^{-1}(u)\right] = \frac{\mathbb{P}\left[Y \leq G^{-1}(u), X \leq F^{-1}(u)\right]}{\mathbb{P}\left[X \leq F^{-1}(u)\right]}$$

und man kann *Lower Tail Dependence* mit folgendem Theorem beschreiben:

Theorem 4.4. *Seien X, Y, C und u wie in Definition 4.3. Dann ist der Parameter λ_U mit*

$$\lambda_L = \lim_{u \to 0^+} \left(\frac{C(u, u)}{u}\right) \tag{4.15}$$

gegeben.

Die beiden Abhängigkeitsmaße λ_U und λ_L lassen sich in den meisten Fällen zu einer geschlossenen Form vereinfachen. Für die in Appendix B dargestellten archimedischen Copulae sind auch die *Tail-Dependence*-Parameter angegeben.

Inhaltlich sind die beiden Abhängigkeitsmaße schon in Abschnitt 2.2 interpretiert worden. Abbildung 4.2 zeigt dieselben Daten, die schon in Abbildung 2.1 verwendet worden sind[17]. Jedoch sind nun die *Tail-Dependence*-Parameter eingetragen. Die Daten, welche einer multivariaten Normalverteilung entsprechen, weisen keine *Tail-Dependence* auf ($\lambda_U = \lambda_L = 0$). Eine

---

[17]Folgende Parameter sind verwendet worden: Gauss Copula: $\rho = 0.7$, Gumbel Copula: $\alpha = 2$, Clayton Copula: $\alpha = 2.2$, t-Copula: $\rho = 0.7$, $\nu = 4$.

Gumbel Copula weist nur *Upper Tail Dependence* auf ($\lambda_U = 0.59$), eine Clayton Copula hingegen weist nur *Lower Tail Dependence* auf ($\lambda_L = 0.73$). Eine bivariate t-Verteilung weist sowohl *Upper* als auch *Lower Tail Dependence* auf ($\lambda_U = \lambda_L = 0.4$).

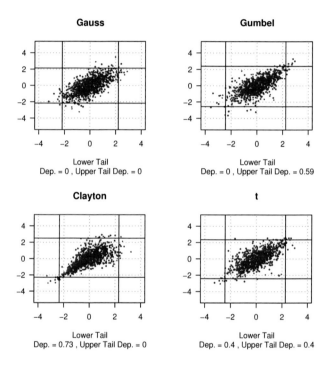

Abbildung 4.2: 4 bivariate Verteilungen mit unterschiedichen Tail-Dependence-Parametern

4.5 Weitere Abhängigkeitsmaße

In diesem Kapitel sollen drei weitere Abhängigkeitsmaße vorgestellt werden[18], nämlich der *indice di cograduazione semplice* nach Corrado Gini, der *medial correlation coefficient* nach Blomqvist (1950) und *Schweizer und Wolff's σ* nach Schweizer und Wolff (1981).

---

[18]Die formale Diskussion erfolgt in Anlehnung an Nelsen (2006).

4.5.1 Gini's Koeffizient

Bevor die Diskussion dieses Abhängigkeitsmaßes begonnen werden kann, muss der Begriff *Ordnungsstatistik* definiert werden:

Definition 4.7. *Die Ordnungsstatistiken* $(x_{(1)}, x_{(2)}, \ldots, x_{(n)})$ *geben für eine Zeitreihe* $\mathbf{x} = (x_1, x_2, \ldots, x_n)$ *mit n Datenpunkten an, an welche Stelle des Vektors* $\mathbf{x}$ *die einzelnen Datenpunkte gesetzt werden müssten, damit die Datenpunkten* x_i $\forall$ i *in aufsteigender Reihenfolge sortiert werden.*

In Tabelle 4.1 ist eine Zeitreihe mit fünf Zufallszahlen und deren Ordnungsstatistiken dargestellt.

	1	2	3	4	5
Variable	-0.39	-0.55	-0.33	0.84	0.94
Ordnungsstatistik	2.00	1.00	3.00	4.00	5.00

Tabelle 4.1: Beispiel von Zufallszahlen und deren Ordnungsstatistiken

Der *indice di cograduazione semplice*, auch Gini's Koeffizient bzw. Gini's γ genannt, ist ein Abhängigkeitsmaß, das auf dem Konzept der Konkordanz beruht. Corrado Gini definierte das Maß ursprünglich für eine Stichprobe der Größe n mit

$$g = \frac{1}{\lfloor \frac{n^2}{2} \rfloor} \left(\sum_{i=1}^{n} |x_{(i)} + y_{(i)} - n - 1| - \sum_{i=1}^{n} |x_{(i)} - y_{(i)}| \right), \qquad (4.16)$$

wobei $x_{(i)}$ und $y_{(i)}$ die Ordnungsstatistiken der Zufallsvariablen X und Y bezeichnen und $\lfloor \frac{n^2}{2} \rfloor$ für den ganzzahligen Teil von $\frac{n^2}{2}$ steht. Erweitert man diese Stichprobenkennzahl auf die Grundgesamtheit, so erhält man

$$g = \frac{n^2}{\lfloor \frac{n^2}{2} \rfloor} \left(\sum_{i=1}^{n} |\frac{x_{(i)}}{n} + \frac{y_{(i)}}{n} - \frac{n+1}{n}| - \sum_{i=1}^{n} |\frac{x_{(i)}}{n} - \frac{y_{(i)}}{n}| \right) \frac{1}{n}, \qquad (4.17)$$

wobei $\frac{x_{(i)}}{n}$ und $\frac{y_{(i)}}{n}$ einer diskreten Standardgleichverteilung folgen. Will man eine stetige Standardgleichverteilung unterstellen, so bedeutet dies, dass

$n \to \infty$ geht und man erhält *Gini's* γ mit

$$\gamma = 2\mathbb{E}\left[|\frac{x_{(i)}}{n} + \frac{y_{(i)}}{n} - \frac{n+1}{n}| - |\frac{x_{(i)}}{n} - \frac{y_{(i)}}{n}|\right]. \tag{4.18}$$

Daher kann *Gini's* γ mit Hilfe einer Copula-Funktion definiert werden:

Definition 4.8. *Seien U und V die wahrscheinlichkeitstransformierten Werte der Zufallsvariablen X und Y und sei C die Copula von X und Y. Dann ist*

$$\gamma = 2\int_0^1 \int_0^1 (|u + v - 1| - |u - v|)\, dC(u,v). \tag{4.19}$$

Somit kann γ als eine Maßzahl für monotone Abhängigkeit interpretiert werden, wobei $\gamma = 1$ perfekte, positive Abhängigkeit und $\gamma = -1$ perfekte, negative Abhängigkeit beschreibt.

In weiterer Folge kann Gleichung 4.19 auf

$$\gamma = 4\left(\int_0^1 C(u, 1-u)du - \int_0^1 (u - C(u,u))\right)$$

vereinfacht werden. Der Beweis für diese Vereinfachung ist in Nelsen (2006) ab S. 181 zu finden.

4.5.2 Blomqvist's Beta

Der *medial correlation coefficient* bzw. *Blomqvist's* β[19] ist ebenfalls ein Abhängigkeitsmaß, dass auf dem Konzept der Konkordanz beruht. Ausgangspunkt für das Maß ist wie auch bei Kendall's Tau τ die Wahrscheinlichkeit von Konkordanz abzüglich der Wahrscheinlichkeit von Diskordanz. Allerdings wird für die Untersuchung auf Konkordanz der Median der jeweiligen Zufallsvariable als Basis zu Grunde gelegt.

Definition 4.9. *Seien X und Y zwei Zufallsvariablen mit den Medianen $\bar{x}$ und $\bar{y}$. Dann ist der* medial correlation coefficient β *mit*

$$\beta = \mathbb{P}\left[(X - \bar{x})(Y - \bar{y}) > 0\right] - \mathbb{P}\left[(X - \bar{x})(Y - \bar{y}) < 0\right] \tag{4.20}$$

---

[19]Vgl. Blomqvist (1950).

gegeben.

Wenn H die gemeinsame Verteilungsfunktion von X und Y darstellt und mit F und G die Randverteilungen notiert werden, gilt

$$\begin{aligned}
\beta &= 2\mathbb{P}\left[(X-\bar{x})(Y-\bar{y}) > 0\right] - 1 \\
&= 2\left(\mathbb{P}\left[X < \bar{x}, Y < \bar{y}\right] + \mathbb{P}\left[X > \bar{x}, Y > \bar{y}\right]\right) - 1 \\
&= 2\left(H(\bar{x},\bar{y}) + (1 - F(\bar{x}) - G(\bar{y}) + H(\bar{x},\bar{y}))\right) - 1 \\
&= 4H(\bar{x},\bar{y}) - 1,
\end{aligned}$$

weil $F(\bar{x}) = G(\bar{y}) = 0.5$ ist[20].

Beachtet man, dass $H(\bar{x},\bar{y}) = C(F(\bar{x}), G(\bar{y})) = C(0.5, 0.5)$ ist, dann lässt sich Blomqvist's β folgendermaßen definieren:

Definition 4.10. *Sei C die Copula der Zufallsvariablen X und Y. Dann ist Blomqvist's β mit*

$$\beta = 4\,C(0.5, 0.5) - 1 \tag{4.21}$$

gegeben.

Blomqvist's β ist eine gute Approximation für Kendall's Tau und Spearman's Rho, denn Nelsen (2006) zeigt, dass τ und ρ_S als MacLaurin-Reihe abhängig von β dargestellt werden können.

4.5.3 Schweizer und Wolff's Sigma

Schweizer und Wolff (1981) schlagen ein Abhängigkeitsmaß vor, dass ähnlich wie Spearman's Rho ρ_S definiert ist. Jedoch wird die absolute Differenz einer Copula C zur Produktcopula Π betrachtet.

Definition 4.11. *Seien U und V die Wahrscheinlichkeitstransformationen der Zufallsvariablen X und Y und sei C die Copula von X und Y. Dann heißt*

$$\sigma_{SW} = 12 \int_0^1 \int_0^1 |C(u,v) - uv| \, dudv \tag{4.22}$$

Schweizer und Wolff's σ.

---

[20]Vgl. Nelsen (2006).

Schweizer und Wolff (1981) zeigen weiters, dass jedes standardisierte Abstandsmaß zur Berechnung der Distanz zwischen C und Π eingesetzt werden kann.

Somit beschreibt σ_{SW} den Abstand einer Copula C zur Produktcopula Π. Da $\sigma_{SW} \in [0,1]$ ist, sagt das Abhängigkeitsmaß leider nichts darüber aus, ob eine negative oder positive Abhängigkeit vorliegt, denn $\sigma_{SW} = 1$, wenn entweder perfekte, positive oder perfekte, negative Abhängigkeit vorliegt[21]. $\sigma_{SW} = 0$, wenn die Zufallsvariablen unabhängig sind.

σ_{SW} kann jedoch sehr nützlich bei der Analyse von Unabhängigkeit sein. Dazu sei ein Beispiel aus Nelsen (2006) (Example 5.18) beschrieben: Es werden zwei Zufallsvariablen X und Y betrachtet, die nicht unabhängig sind. Dennoch sind Kendall's Tau, Spearman's Rho, Blomqvist's β, Gini's γ sowie der lineare Korrelationskoeffizient gleich null. Somit verdeutlicht Nelsen (2006), dass $\tau = \rho_S = \beta = \gamma = \rho = 0$ nicht zwingend Unabhängigkeit der Zufallsvariablen unterstellt. σ_{SW} hingegen liefert für die beiden Zufallsvariablen einen Wert größer null und so wird gezeigt, dass keine Unabhängigkeit vorliegen kann.

---

[21]Mit anderen Worten heißt dies, dass $C = C_l$ oder $C = C_u$ ist.

Kapitel 5

Schätzung der geeigneten Copula

Zur Berechnung der in Kapitel 4 beschriebenen Abhängigkeitsmaße muss eine passende Copula ausgewählt werden. Abschnitt 3.5 zeigt, dass es sehr viele Familien von Copulae gibt. Es stellt sich daher die Frage, welche Familie gewählt werden soll und wie die Parameter festgelegt werden müssen, damit die Copula die vorhandenen Daten möglichst gut abbildet.

Eine Möglichkeit zur Anpassung der Parameter einer Copula ist eine Maximum-Likelihood-Schätzung (MLE). Hierzu wird eine Zielfunktion gewählt, die optimiert werden soll. Diese Zielfunktion kann je nach gewählter Schätzmethode unterschiedlich aussehen[1]. So können jene Parameter gefunden werden, sodass die Zielfunktion ihren maximalen Wert annimmt.

Da eine analytische Optimierung sehr schnell komplexe Formen annehmen kann, erfolgt die Maximum-Likelihood-Schätzung in dieser Arbeit auf Basis einer numerischen Optimierung. Eine numerische Optimierung hat den Nachteil, dass das gefundene Ergebnis nicht zwingend das globale Maximum darstellt. Des Weiteren ist zu erwähnen, dass die Maximum-Likelihood-Schätzung je nach Größe des verwendeten Datensatzes und je nach der eingesetzten Methode sehr rechenintensiv sein kann.

Es sei auf die Unterscheidung zwischen Anpassung und Auswahl einer Co-

---

[1] Näheres dazu in Abschnitt 5.1.

pula hingewiesen. Bei der Anpassung einer Copula, werden die Parameter geschätzt, sodass die Copula die zugrundeliegenden Daten möglichst genau abbildet. Bei der Modellauswahl wird davon ausgegangen, dass bereits mehrere Copulae angepasst worden sind. Aus diesen angepassten Copulae soll nun jene gewählt werden, welche die Daten am besten abbildet.

In der Folge sollen nun die drei wichtigsten Methoden zur Anpassung und Kalibrierung basierend auf einer Maximum-Likelihood-Schätzung beschrieben werden[2].

Anschließend wird diskutiert, welche Kriterien zur Auswahl der geeigneten Copula verwendet werden können. Hierbei wird gezeigt, dass ein Vergleich der Zielfunktionswerte der Maximum-Likelihood-Schätzungen einige Probleme in sich birgt und es werden weitere Möglichkeiten zur Modellauswahl aufgezeigt. Schließlich wird am Ende dieses Kapitels noch ein Beispiel gebracht, wo die beschriebenen Methoden auf einen Datensatz angewendet werden.

5.1 Fit-Methoden

Eine Copula stellt die gemeinsame Verteilungsfunktion von Daten dar, erlaubt aber die Trennung zwischen der Abhängigkeitsstruktur der Daten und deren Randverteilungen. Mit anderen Worten heißt dies, die Copula-Funktion benötigt als Input die Randverteilungen der einzelnen Zeitreihen.

Es wurde bereits in der Einleitung angedeutet, dass einzelne Zeitreihen sehr unterschiedlichen Verteilungen folgen können. Kennt man diese Randverteilungen nicht, so muss auch hier von verschiedenen angepassten Randverteilungen eine geeignete gewählt werden. Je nachdem, wie viele Möglichkeiten hierbei untersucht werden sollen, führt dies zu einer großen Anzahl von Kombinationsmöglichkeiten, welche sich dann durch die Kombination mit der Auswahl und Anpassung einer geeigneten Copula vervielfachen.

Es gibt daher zwei wichtige Schritte, nämlich die Festlegung der Randverteilungen und die Auswahl und Kalibrierung der Copula. Die Bestimmung

---

[2]Die Diskussion erfolgt in Anlehnung an Cherubini u. a. (2004).

der Randverteilung ist jedoch von wesentlicher Bedeutung. Werden falsche Annahmen über die Randverteilungen getroffen, so wirkt sich dies natürlich auch auf die Anpassung und Auswahl der geeigneten Copula aus, weil die Copula die Werte der Randverteilungen als Input benötigt. In der Folge werden drei Methoden vorgestellt, wie mit diesem Problem umgegangen werden kann.

Ausgegangen wird von einer Datenmatrix $X = \{x_{1,t}, x_{2,t}, \ldots, x_{n,t}\}_{t=1}^{T}$, wobei n für die Anzahl der zugrundeliegenden Zeitreihen mit jeweils T Beobachtungen steht. Des Weiteren wird unterstellt, dass es sich um Zeitreihen von stetigen Zufallsvariablen handelt.

5.1.1 Exact Maximum Likelihood (EML) method (one stage method)

Bei der Exact-Maximum-Likelihood-Methode (EML) wird versucht, die Parameter der Copula sowie jene der Randverteilungen in einem einzigen Schritt anzupassen, daher wird sie auch häufig als *one stage method* bezeichnet. Dies bedeutet, es muss nicht nur die Copula-Familie bekannt sein, deren Parameter geschätzt werden sollen, sondern es müssen für jede einzelne Zeitreihe auch die Randverteilungen bekannt sein, für welche die Parameter angepasst werden sollen.

Als Ausgangspunkt dient die kanonische Schreibweise für die Dichtefunktion $h(\mathbf{x})$, nämlich

$$h(\mathbf{x}) = c\left(F_1(x_1), F_2(x_2), \ldots, F_n(x_n)\right) \cdot \prod_{i=1}^{n} f_i(x_i),$$

welche schon in Gleichung 3.13 eingeführt worden ist.

Die Zielfunktion $l(\theta)$ stellt das Produkt dieser Dichtefunktion $h(\mathbf{x})$ über alle T Beobachtungen dar, wobei θ für den Vektor aller benötigten Parameter steht. Dies bedeutet, dass jede Spalte der Datenmatrix X in die Dichtefunktion eingesetzt wird und dass das Produkt all dieser Werte berechnet wird. Zur Vereinfachung kann auch der logarithmierte Wert der Zielfunktion herangezogen werden. In diesem Fall sieht die Zielfunktion $l(\theta)$ folgendermaßen aus:

$$l(\theta) = \sum_{t=1}^{T} \ln c\left(F_1(x_{1,t}), F_2(x_{2,t}), \ldots, F_n(x_{n,t})\right) + \sum_{t=1}^{T} \sum_{j=1}^{n} \ln f_j(x_{j,t}) \quad (5.1)$$

Ausgewählt werden jene Parameter für die Randverteilungen und die Copula, bei welchen der Maximum-Likelihood-Schätzer $\hat{\theta}_{MLE}$ den maximalen Wert liefert:

$$\hat{\theta}_{MLE} = \max_{\theta \in \Theta} l(\theta)$$

Aus dieser kurzen Beschreibung wird bereits ein großes Problem augenscheinlich, dass bei der Modellauswahl auftritt. Bei der Auswahl der geeigneten Copula müssen sehr viele Kombinationsmöglichkeiten an Randverteilungen und Copulae untersucht werden. Man stelle sich beispielsweise vor, man möchte unter Verwendung dieser Methode zur Parameteranpassung eine passende Copula für zwei Zeitreihen ermitteln, wobei jede Zeitreihe fünf Randverteilungen entsprechen kann. Somit entstehen allein 25 mögliche Kombinationen der Randverteilungen. Hat man nun beispielsweise zehn Copula-Familien zur Auswahl, so gibt es insgesamt 250 Möglichkeiten, die untersucht werden müssen.

Die EML-Methode stellt zwar die korrekte Maximum-Likelihood-Schätzung dar, weil keine Einschränkungen gegenüber den Randverteilungen gemacht werden, jedoch verdeutlicht das genannte Beispiel das größte Problem bei der Modellauswahl auf Basis einer Anpassung der Parameter durch die EML-Methode: Es ist der hohe Rechenaufwand zu bedenken, der durch die große Anzahl an Kombinationsmöglichkeiten entsteht. Außerdem ist zu erwähnen, dass aufgrund der Schätzung der Parameter der Randverteilungen und der Copula in einem einzigen Schritt die Anpassung selbst bereits sehr viel Rechenzeit in Anspruch nimmt.

5.1.2 Inference Functions for Margins (IFM) method (two stage method)

Bei der Inference-Functions-for-Margins-Methode (IFM) wird die Eigenschaft genutzt, dass das Produkt der Dichtefunktion der Copula sowie das

Produkt der Dichtefunktionen der Randverteilungen aus Gleichung 5.1 immer positive Werte liefert. Dadurch ist es möglich, die beiden Terme und somit die Schätzung der Copula von der Schätzung der Randverteilungen zu trennen.

Dies bedeutet, dass in einem ersten Schritt die geeigneten Randverteilungen mit den Parametern α geschätzt werden können. In einem zweiten Schritt werden die Parameter θ der Copula angepasst. Aufgrund dieser Trennung der beiden Schritte bezeichnet man die IFM-Methode auch als *two stage method*.

Die Anpassung der Randverteilungen kann wieder mit einer Maximum-Likelihood-Schätzung erfolgen. Die Zielfunktion lautet

$$l_i(\alpha_i) = \sum_{t=1}^{T} \ln f_i(x_{i,t}),$$

wobei f_i für die Dichtefunktion der Zeitreihe i mit Verteilungsfunktion F_i steht. Die Maximum-Likelihood-Schätzer sind mit

$$\hat{\alpha}_i = \arg\max l_i(\alpha_i)$$

gegeben. In der hier dargestellten Schreibweise könnte man fälschlicherweise annehmen, dass die Randverteilungen nur durch einen einzigen Parameter α_i beschrieben werden. Es sei aber erwähnt, dass die Randverteilungen auch durch mehrere Parameter beschrieben werden können. In diesem Fall ist α_i als Vektor der Parameter, die zur Verteilungs- bzw. Dichtefunktion der Zeitreihe i gehören, zu interpretieren.

Soll aus mehreren möglichen Randverteilungen die passende gewählt werden, so müssen für jede Verteilungsfamilie die Parameter nach der oben beschriebenen Methode angepasst werden und es muss aufgrund geeigneter Auswahlkriterien die geeignete Randverteilung gewählt werden.

Kennt man nun die Familien und Parameter $\hat{\alpha}$ der Randverteilungen, so kann man die Zielfunktion für die Anpassung der Parameter θ der Copula mit

$$l(\theta) = \sum_{t=1}^{T} \ln c\left(F_1(x_{1,t}|\hat{\alpha}_1), F_2(x_{2,t}|\hat{\alpha}_2), \ldots, F_n(x_{n,t}|\hat{\alpha}_n)\right) \qquad (5.2)$$

definieren. Der Maximum-Likelihood-Schätzer ist daher

$$\hat{\theta} = \arg\max l(\theta).$$

Bei der Auswahl einer geeigneten Copula aus mehreren angepassten Copula-Familien bietet die IFM-Methode den Vorteil, dass die Anzahl an Kombinationsmöglichkeiten wesentlich reduziert wird. Betrachtet man das Beispiel, das schon im Kapitel 5.1.1 aufgezeigt worden ist, so sinkt die Anzahl der Möglichkeiten von 250 auf 20: Es müssen nämlich nur für jede der zwei Zeitreihen alle fünf möglichen Randverteilungen geschätzt werden, aus welchen dann aufgrund geeigneter Auswahlkriterien für jede Zeitreihe die beste ausgewählt wird. Danach müssen noch die zehn möglichen Copula-Familien untersucht werden.

Die Trennung der zwei Schätzungsschritte bei der IFM-Methode resultiert im Vergleich zur Exact-Maximum-Likelihood-Methode in einer deutlichen Reduktion des Rechenaufwandes. Auch bei der Modellauswahl wird der Rechenaufwand aufgrund der dargestellten Reduktion an Kombinationsmöglichkeiten wesentlich reduziert.

Jedoch muss erwähnt werden, dass die IFM-Methode nicht die korrekte Maximum-Likelihood-Schätzung darstellt. Joe (1997)[3] diskutiert die Eignung der IFM-Methode im Hinblick auf die asymptotische Kovarianzmatrix und bestätigt die asymptotische Normalität. Somit rechtfertigt Joe (1997) den Einsatz der IFM-Methode und argumentiert vor allem aufgrund der Effizienzsteigerung für die Verwendung der IFM-Methode.

5.1.3 Canonical Maximum Likelihood (CML) method

Ähnlich wie bei der IFM-Methode wird die Schätzung der Randverteilungen und die Schätzung der Copula auch bei der Canonical-Maximum-Likelihood-Methode (CML) getrennt. Allerdings wird versucht, ein Problem, das sowohl bei der EML- als auch bei der IFM-Methode auftreten kann, zu umgehen. Werden bei der EML- oder der IFM-Methode falsche Annahmen über die Gestalt der Randverteilungen getroffen, so kann dies, wie schon erwähnt

---

[3]S. 301 – 304

worden ist, erhebliche Auswirkungen auf die Abhängigkeitsstruktur der angepassten Copula haben.

Um dieses Problem zu umgehen, werden bei der CML-Methode keine Einschränkungen bezüglich der Randverteilungen gemacht, denn es wird die empirische Verteilungsfunktion $\hat{F}_i$ der jeweiligen Zeitreihe i herangezogen.

Definition 5.1. *Die empirische Verteilungsfunktion eines Zufallsvektors* $\mathbf{x}$ *ist mit*

$$\hat{F}(x) = \frac{1}{n} \sum_{i=1}^{n} \mathbb{1}_{\{x_i \leq x\}} \tag{5.3}$$

gegeben, wobei $\mathbb{1}_{\{x_i \leq x\}}$ *für die Indikatorfunktion steht, die gleich eins ist, wenn die Bedingung erfüllt wird und gleich null, wenn sie nicht erfüllt wird.*

Bevor also mit der Maximum-Likelihood-Schätzung begonnen wird, muss die Datenmatrix $X = \{x_{1,t}, \ldots, x_{n,t}\}_{t=1}^{T}$ in die Matrix $U = \{u_{1,t}, \ldots, u_{n,t}\}_{t=1}^{T}$ umgewandelt werden, wobei $u_{i,t} = \hat{F}_i(x_{i,t})$ ist und $\hat{F}_i$ die empirische Verteilungsfunktion der Zeitreihe i abbildet.

Die logarithmierte Zielfunktion für die Maximum-Likelihood-Schätzung lautet daher

$$l(\theta) = \sum_{t=1}^{T} \ln c \left(\hat{F}_1(x_{1,t}), \hat{F}_2(x_{2,t}), \ldots, \hat{F}_n(x_{n,t}) \right) \tag{5.4}$$

und der Maximum-Likelihood-Schätzer ist

$$l(\theta) = \arg\max l(\theta).$$

Der größte Vorteil der CML-Methode liegt darin, dass die Randverteilungen durch die Verwendung der empirischen Verteilungsfunktionen nicht falsch gewählt werden können. Außerdem wird im Vergleich zur EML- und IFM-Methode der Rechenaufwand weiters verkürzt, weil die Parameter der Randverteilungen nicht geschätzt werden müssen.

Auch bei der Modellauswahl verkürzt sich die Rechenzeit, weil die Anzahl an Kombinationsmöglichkeiten, die untersucht werden müssen, weiters reduziert wird. Um das Beispiel aus Kapitel 5.1.1 fortzuführen, soll erwähnt werden, dass unter Verwendung der CML-Methode nur mehr zehn Möglichkeiten, nämlich die Parameteranpassungen für die zehn Copula-Familien, untersucht werden müssen.

Voraussetzung für die Verwendung der empirischen Verteilungsfunktion ist allerdings, dass die einzelnen Zeitreihen genügend Daten enthalten. Ist dies nicht der Fall, so ist der Standardfehler, der bei der Schätzung der empirischen Verteilungsfunktion gemacht wird, zu groß und es besteht die Gefahr, dass die tatsächliche Verteilung nicht genau abgebildet wird. In weiterer Folge wirkt sich dies negativ auf die Parameterschätzung mittels MLE aus.

5.2 Empirische Copula

Im vorigen Kapitel ist schon in Bezug auf die Randverteilungen deren empirische Verteilungsfunktion angewendet geworden. Natürlich können unter der Voraussetzung, dass genügend Daten vorhanden sind, auch die Copulae von Zeitreihen empirisch ermittelt werden.

Mit Hilfe der empirischen Copula kann die Abhängigkeitsstruktur abgebildet werden, ohne dass man dazu eine bestimmte parametrische Copula benötigt. Allerdings muss darauf aufmerksam gemacht werden, dass der Standardfehler bei zu geringer Datengröße sehr groß werden kann.

Für die Definition der empirischen Copula, werden die Begriffe *Ordnungs-* und *Rangstatistik* verwendet. Die Ordnungsstatistik wurde bereits in Definition 4.7 erläutert. Die *Rangstatistik* ist folgendermaßen definiert:

Definition 5.2. *Die Rangstatistik r_j entspricht dem Wert des Datenvektors* **x**, *sodass die Ordnungsstatistik x_i gleich dem Index j ist.*

Definition 5.3. *Sei $X_t = \{x_{1,t}, x_{2,t}, \ldots, x_{n,t}\}$ ein Vektor mit stetigen Zufallszahlen, wobei n für die Anzahl der zugrundeliegenden Zeitreihen mit jeweils T Beobachtungen steht. Die empirische Copula $\hat{C}\left(\frac{t_1}{T}, \frac{t_2}{T}, \ldots, \frac{t_n}{T}\right)$ mit* $\mathbf{t} = \{1, 2, \ldots, T\}$ *ist definiert mit der Anzahl der Vektoren $\{x_{1,t}, x_{2,t}, \ldots, x_{n,t}\}$ in der Stichprobe, für die $\{x_{1,t} \leq r_{1,t_1}, x_{2,t} \leq r_{2,t_2}, \ldots, \; x_{n,t} \leq r_{n,t_n}\}$ gilt, wobei r_{i,t_j} mit $1 \leq i, j \leq T$ die Rangstatistik in der Stichprobe darstellt. Um standardisierte Werte zwischen null und eins zu erhalten, wird die Anzahl der Vektoren durch T dividiert.*

Die empirische Copula kann nun folgendermaßen angeschrieben werden:

$$\hat{C}\left(\frac{t_1}{T}, \frac{t_2}{T}, \ldots, \frac{t_n}{T}\right) = \frac{1}{T}\sum_{t=1}^{T}\prod_{j=1}^{n}\mathbb{1}_{(r_{j,t}\leq t_j)}, \qquad (5.5)$$

wobei $\mathbb{1}_{\{r_{j,t}\leq t_j\}}$ für die Indikatorfunktion steht, die gleich eins ist, wenn ihre Bedinung erfüllt wird und gleich null, wenn die Bedingung nicht erfüllt wird.

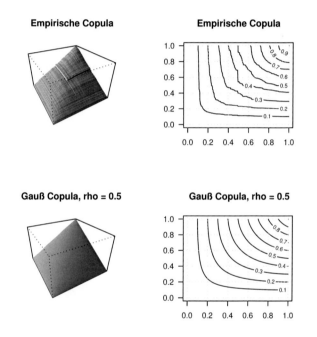

Abbildung 5.1: Empirische Copula der Zeitreihen BASF und Siemens

Die empirische Copula wird häufig verwendet, um eine passende parametrische Copula auszuwählen. Es können beispielsweise die Distanzen zwischen jedem Punkt der empirischen Copula und einer theoretischen Copula berechnet werden. In Abbildung 5.1 sind die empirische Copula sowie die entsprechenden Konturen der Zeitreihen BASF und Siemens[4] abgebildet. Zum Vergleich sind eine Gauß Copula mit einem Parameter von $\rho = 0.5$ und

---

[4]Diese Zeitreihen sind schon in der Einleitung verwendet worden.

die entsprechenden Konturen abgebildet. Aus einem Vergleich der Bilder kann man erkennen, dass die empirischen Daten von jener der Gauß Copula abweichen. Durch Vergleich mit der empirischen Copula können also Copula-Funktionen gesucht werden, welche den Abstand zu den empirschen Datenpunkten minimieren, was zu einer besseren Nachbildung der tatsächlichen Datenstruktur führt.

5.3 Auswahlkriterien

Im Kapitel 5.1 wird beschrieben, wie Copulae kalibriert werden können, sodass die Copula die gemeinsame Verteilungsfunktion möglichst genau beschreibt. Allerdings ist bisher noch nicht diskutiert worden, nach welchen Kriterien beurteilt werden kann, welche Copula mit welchen Parametern diese Aufgabe am besten erfüllt.

Es gibt verschiedene Möglichkeiten zur Beurteilung. Auf einige davon soll im Folgenden genauer eingegangen werden.

5.3.1 Maximum-Likelihood

Die wohl einfachste Möglichkeit, eine geeignete Copula auszuwählen, wäre es, den Zielfunktionswert der optimierten Maximum-Likelihood-Funktion als Auswahlkriterium heranzuziehen. Allerdings muss dabei auf folgende Probleme hingewiesen werden:

- *Man sollte nur Maximum-Likelihood-Werte vergleichen, bei denen die gleiche Anzahl von Parametern geschätzt worden ist.*

  Werden Werte verglichen, bei denen die Schätzung auf einer unterschiedlichen Anzahl von Parametern basiert, so muss beachtet werden, dass durch Hinzufügen von Parametern der Zielfunktionswert monoton zunimmt. Dies kann dazu führen, dass in einer endlichen Stichprobe mehr Parameter als tatsächlich notwendig verwendet werden. Daher ist der Maximum-Likelihood-Wert nur bedingt zur Auswahl einer Copula geeignet.

- *Man sollte nur Werte vergleichen, bei denen dieselben Daten zur Schätzung verwendet worden sind.*

  Da der Maximum-Likelihood-Wert vom Produkt über alle Datenpunkte abhängt, kann eine Ausdehnung bzw. eine Reduktion des Datensatzes einen starken Einfluss auf den Zielfunktionswert haben.

- *Man sollte nur Werte vergleichen, die nach derselben Methode angepasst worden sind.*

  Vergleicht man die Zielfunktion der EML-Methode (Gleichung 5.1) beispielsweise mit jener der IFM-Methode (Gleichung 5.2), so erkennt man, dass auch die Maximum-Likelihood-Werte dieser Methoden nicht verglichen werden sollten, weil bei der EML-Methode auch das Produkt über alle Randverteilungen in den Maximum-Likelihood-Wert einfließt, was bei der IFM-Methode nicht der Fall ist.

Wie aus der obigen Aufzählung hervorgeht, ist eine Auswahl auf Basis des Maximum-Likelihood-Wertes problematisch. Andere Auswahlkriterien versuchen die genannten Nachteile zu umgehen.

5.3.2 Kolmogorov-Smirnov-Test

Mit Hilfe des Kolmogorov-Smirnov-Tests[5] kann überprüft werden, ob eine angepasste Verteilung die Datenstruktur aus der Stichprobe korrekt abbildet. Die Nullhypothese unterstellt daher, dass die Daten tatsächlich der erwarteten Verteilung entsprechen. Mit Hilfe einer Teststatistik T wird die Nullhypothese einem zweiseitigen statistischen Test unterzogen. Überschreitet die Teststatistik den kritischen Wert, so muss die Nullhypothese verworfen werden. In diesem Fall muss die Alternativhypothese angenommen werden, die bei einem zweiseitigen Test besagt, dass die tatsächliche Verteilung nicht der erwarteten Verteilung entspricht. Für die Ermlittlung des kritischen Wertes gibt es je nach Konfidenzintervall α Approximationsregeln, die für einen zweiseitigen Test in Tabelle 5.1[6] dargestellt sind.

---

[5]Eine ausführliche Diskussion ist beispielsweise in Frank J. Massey (1951) zu finden.

[6]Quelle: http://de.wikipedia.org/wiki/Kolmogorow-Smirnow-Test

$\alpha =$	0.20	0.15	0.10	0.05	0.01
$n > 40$	$\frac{1.07}{\sqrt{n}}$	$\frac{1.14}{\sqrt{n}}$	$\frac{1.22}{\sqrt{n}}$	$\frac{1.36}{\sqrt{n}}$	$\frac{1.63}{\sqrt{n}}$

Tabelle 5.1: Kritische Werte für den zweiseitigen Kolmogorov-Smirnov-Test

Der Kolmogorov-Smirnov-Test kann sehr einfach durchgeführt werden und außerdem besteht der Vorteil, dass es sich um einen nicht-parametrischen Test handelt. Der Test ist aufgrund der Verwendung der empirischen Verteilungsfunktion (bzw. der empirischen Copula) unabhängig von den Parametern der tatsächlichen Verteilungsfunktion (siehe Matteis (2001)).

Definition 5.4. *Sei* $\hat{C}(\mathbf{x})$ *die empirische Copula zur Datenmatrix* X *und sei* $C(\mathbf{x})$ *die geschätzte Copula mit den geschätzen Parametern* $\hat{\theta}$, *dann ist die Teststatistik* T *des zweiseitigen Kolmogorov-Smirnov-Tests*

$$T = \max_x \left\{ \left| \hat{C}(\mathbf{x}) - C(\mathbf{x}) \right| \right\}. \tag{5.6}$$

Die Teststatistik T ist also das Maximum aller absoluten Differenzen aus angepasster theoretischer und empirischer Verteilung, berechnet für alle Datenpunkte. Da aber nur der maximale Differenzbetrag zur Berechnung der Teststatistik T herangezogen wird, ist die Macht des Tests eher gering und er weist eine Tendenz zur Beibehaltung der Nullhypothese auf.

Des Weiteren liefert der Test nur eine Aussage darüber, ob ein signifikanter Unterschied zwischen der empirischen und der geschätzten Verteilungsfunktion bzw. Copula besteht. Stehen mehrere kalibrierte Copulae zur Verfügung, für welche die Nullhypothese des Tests jeweils beibehalten werden muss, so gibt der Kolmogorov-Smirnov-Test keine Auskunft darüber, welche Copula am besten passt.

5.3.3 Akaike's Information Criterion (AIC)

Das Akaike Information Criterion[7] (AIC) ist ein mögliches Kriterium, nach dem eine geeignete Copula ausgewählt werden kann. Das AIC basiert auf dem Wert der logarithmierten Maximum-Likelihood-Zielfunktion. Da der

---

[7]Vgl. Burnham und Anderson (Nov 2004).

Maximum-Likelihood-Wert zu Problemen bei der Auswahl führen kann (siehe 5.3.1), wird beim AIC versucht, zumindest das Problem der unterschiedlichen Parameteranzahl zu umgehen, indem ein Strafterm berücksichtigt wird, der je nach der Anzahl der geschätzten Parameter variiert. Weiterhin unberücksichtigt bleibt jedoch die Größe der verwendeten Stichproben.

Definition 5.5. *Sei l der Wert der Zielfunktionen aus Gleichungen 5.1, 5.2 und 5.4, dann ist Akaike's Information Criterion (AIC) definiert mit*

$$AIC = -2l + 2k, \tag{5.7}$$

wobei k für die Anzahl der geschätzten Parameter steht.

Ausgewählt wird jene kalibrierte Copula, die den geringsten AIC-Wert aufweist. Es wird häufig kritisiert, dass das AIC bei steigender Stichprobengröße Modelle mit hoher Parameteranzahl bevorzugt. Dies soll mit dem Bayesian Information Criterion (BIC) verhindert werden.

5.3.4 Bayesian Information Criterion (BIC)

Das Bayesian Information Criterion[8] (BIC), auch Schwarz Information Criterion (SIC) genannt, ist ein weiteres mögliches Kriterium zur Auswahl einer geeigneten Copula. Das BIC wird ähnlich wie das AIC berechnet. Allerdings wird der Strafterm für die Parameteranzahl von der Stichprobengröße abhängig gemacht und somit wird ein weiterer Kritikpunkt, der im Kapitel 5.3.1 angeführt worden ist, umgangen.

Definition 5.6. *Sei l der Wert der Zielfunktionen aus Gleichungen 5.1, 5.2 und 5.4, dann ist das Bayesian Information Criterion (BIC) definiert mit*

$$BIC = -2l + k \ln n, \tag{5.8}$$

wobei k für die Anzahl der geschätzten Parameter und n für die Größe der Stichprobe steht.

Jenes Modell, das den geringsten BIC-Wert aufweist, wird ausgewählt.

---

[8]Vgl. Burnham und Anderson (Nov 2004).

5.3.5 Distanzmessungen

Eine weitere Möglichkeit zur Auswahl der geeigneten Copula besteht darin, die angepasste, theoretische Copula mit der empirischen Copula zu vergleichen. Hierbei wird die Distanz zwischen der theoretischen und der empirischen Copula berechnet. Als Abstandsmaß wird die Euklidische Distanz verwendet, welche folgendermaßen definiert ist:

Definition 5.7. *Sei $\hat{C}(\mathbf{x})$ die empirische Verteilungsfunktion des Datenvektors $\mathbf{x}$ und sei $C(\mathbf{x})$ die angepasste, theoretische Copula, dann ist die euklidische Distanz $d\left(\hat{C}(\mathbf{x}), C(\mathbf{x})\right)$ mit*

$$d\left(\hat{C}(\mathbf{x}), C(\mathbf{x})\right) = \sqrt{\sum_{i=1}^{n} \left(\hat{C}(x_i) - C(x_i)\right)^2} \tag{5.9}$$

gegeben, wobei n für die Stichprobengröße steht.

Ausgewählt wird jenes Modell, das den geringsten Gesamtabstand zur empirischen Copula aufweist. Diese Methode zur Auswahl der geeigneten Copula birgt am wenigsten Gefahren in sich, solange genügend Daten vorhanden sind, um die empirische Copula möglichst präzise zu berechnen. Ist der Datensatz zu klein, so muss man bei der Berechnung der empirischen Copula mit einem hohen Standardfehler rechen.

5.4 Anwendung an einem Beispieldatensatz

In diesem Abschnitt wird nun die diskutierte Theorie zur Anpassung und Auswahl von Copulae an einem Beispiel gezeigt. Hierzu werden jene simulierte Daten verwendet, mit Hilfe welcher Abbildung 2.1 erstellt worden ist. Verwendet werden jene Zufallszahlen, deren gemeinsame Verteilung einer Clayton Copula folgt. Das bedeutet, dass die *Best-Fit Copula* einer Clayton Copula mit einem Parameter von ungefähr 2.2 entsprechen sollte.

Zur Auswahl sollen die Gauß'sche Copula, die Gumbel Copula, die Clayton Copula und die Frank Copula zur Verfügung stehen. Aus diesen vier Copulae soll die am besten geeignete Copula mit passendem Parameter gewählt werden.

Anpassung nach der EML-Methode:

Da bereits bekannt ist, dass die Randverteilungen jeweils einer Normalverteilung entsprechen[9], wird die Anzahl an Kombinationsmöglichkeiten wesentlich reduziert. Es müssen daher nur die vier Copulae untersucht werden. Kennt man die Randverteilungen nicht, so würde dies den Aufwand deutlich erhöhen.

In Tabelle 5.2 sind die geschätzten Parameter für die beiden Randverteilungen angegeben, jeweils danach gegliedert, welche Copula angepasst worden ist. Zum Vergleich sind in der letzten Zeile die tatsächlichen Mittelwerte und Standardabweichungen aus den verwendeten Zufallszahlen angegeben.

	mu(X)	sigma(Y)	mu(Y)	sigma(Y)
Gauss	-0.01	0.99	-0.02	0.99
Gumbel	0.02	1.03	0.02	1.03
Clayton	-0.01	1.00	-0.02	1.00
Frank	-0.12	1.02	-0.12	1.02
Sample	-0.01	0.99	-0.02	0.99

Tabelle 5.2: Parameter der Randverteilungen geschätzt im Zuge der EML-Methode

Man erkennt aus Tabelle 5.2, dass im Zuge der Anpassung nach der EML-Methode die Parameterschätzungen deutlich von den wahren Werten abweichen können. Besonders auffällig ist dies in diesem Beispiel bei der Schätzung der Mittelwerte der beiden Verteilungen, wenn eine Frank Copula unterstellt wird. Die Ursache hierfür liegt darin, dass alle Parameter, nämlich sowohl jene der Randverteilungen als auch jene der Copula, gleichzeitig geschätzt werden. Dadurch kann es zu solchen Verzerrungen kommen.

Die angepassten Parameter der untersuchten Copulae sind in Tabelle 5.3 aufgelistet. Tatsächlich nähert sich der Parameter der Clayton Copula dem

---

[9]Es wurde in Kapitel 2.2 vorausgesetzt, dass standardnormalverteilte Zeitreihen vorliegen. Jedoch werden Mittelwert und Standardabweichung aufgrund der Simulation geringfügig abweichen. Die tatsächlichen Werte sind in der letzten Zeile der Tabelle 5.2 ersichtlich.

gewünschten Wert von 2.2. Betrachtet man die anderen Auswahlkriterien, so fällt folgendes auf:

Die Teststatistik des Kolmogorov-Smirnov-Tests, dessen kritischer Wert für $\alpha = 0.05$ gleich 0.043 ist, zeigt, dass aus Basis dieses Tests nur zwei der angepassten Copulae die tatsächliche Datenstruktur korrekt abbilden, nämlich die Gauss Copula und die Clayton Copula. Somit kommen nur diese beiden Typen in die engere Auswahl. Welche der beiden Typen besser zur Beschreibung der Daten geeignet ist, kann mit Hilfe der anderen Auswahlkriterien entschieden werden.

Der Maximum-Likelihood-Wert $l(\theta)$ ist bei der Clayton Copula maximal. Ebenso sind der AIC- und der BIC-Wert sowie die Distanz zur empirischen Copula bei diesem Copula-Typ minimal. Somit beschreibt die Clayton Copula die Datenstruktur am besten.

	theta	loglik	T	AIC	BIC	deviation
Gauss	0.70	−2471.22	0.04	4952.44	4976.98	0.46
Gumbel	1.85	−2557.36	0.05	5124.73	5149.27	0.66
Clayton	2.16	−2348.24	0.03	4706.47	4731.01	0.23
Frank	6.25	−2476.19	0.08	4962.38	4986.92	1.50

Tabelle 5.3: Überblick über angepasste Parameter und verschiedene Auswahlkriterien auf Basis einer Anpassung nach der EML-Methode

Anpassung nach der IFM-Methode:

Bei Verwendung der IFM-Methode müssen im ersten Schritt die Parameter der Randverteilungen angepasst werden. Sind alle möglichen Randverteilungen angepasst worden, so muss für jede Zeitreihe eine passende Verteilung ausgewählt werden. Da aber bekannt ist, dass die Randverteilungen in diesem Beispiel normalverteilt sind, kann dieser Schritt entfallen. Es müssen nur Mittelwert und Standardabweichung der Stichprobe berechnet werden.

Im nächsten Schritt müssen die Parameter θ der Copula-Familien angepasst werden. Die Ergebnisse der Anpassung sowie die wichtigsten Kriterien zur Modellauswahl sind in in Tabelle 5.4 dargestellt.

Die Teststatistik des Kolmogorov-Smirnov-Test mit einem kritischen Wert von 0.043 für ein Konfidenzintervall von $\alpha = 0.05$ zeigt, dass drei der vier

	theta	loglik	T	AIC	BIC	deviation
Gauss	0.70	334.77	0.04	−667.53	−662.62	0.46
Gumbel	1.77	245.41	0.06	−488.81	−483.91	0.76
Clayton	2.15	457.68	0.03	−913.37	−908.46	0.24
Frank	5.91	322.11	0.04	−642.23	−637.32	0.54

Tabelle 5.4: Überblick über angepasste Parameter und verschiedene Auswahlkriterien auf Basis einer Anpassung nach der IFM-Methode

geschätzten Copulae die Datenstruktur korrekt beschreiben. Lediglich die Gumbel Copula ist nicht geeignet. Die *Best-Fit Copula* kann aber aufgrund dieser Teststatistik nicht gewählt werden. Daher wird die Eignung der Kolmogorov-Smirnov-Teststatistik auch häufig kritisiert (siehe Matteis (2001)).

Zur Auswahl können andere Kriterien herangezogen werden. Aus Tabelle 5.4 geht klar hervor, dass die Clayton Copula bei allen weiteren Auswahlkriterien die besten Werte aufweist. Auch nach der IFM-Methode entspricht der angepasste Parameter der Clayton Copula nahezu dem geforderten Wert von 2.2.

Im Vergleich zur EML-Methode liefert die IFM-Methode deutlich höhere Log-Likelihood-Werte $l(\theta)$. Dies liegt daran, dass bei der IFM-Methode nur der Parameter der Copula angepasst wird, bei der EML-Methode hingegen werden auch die Parameter der Randverteilungen miteinbezogen. Aufgrund dieser großen Unterschiede in den Log-Likelihood-Werten weichen auch die AIC- und BIC-Werte beider Methoden deutlich voneinander ab.

Anpassung nach der CML-Methode:

Bei der Anpassung nach der CML-Methode wird die empirische Verteilungsfunktion der Randverteilungen eingesetzt. Die Ergebnisse der Anpassung nach der CML-Methode sind in Tabelle 5.5 gegeben. In der Tabelle sind die geschätzten Parameter sowie die wichtigsten Kriterien zur Modellauswahl angegeben. Der kritische Werte für den Kolmogorov-Smirnov-Test beträgt für $\alpha = 0.05$ erneut 0.043. Aufgrund dieser Teststatistik kommen nur die Gauß'sche Copula und die Clayton Copula zur Beschreibung der Datenstruktur in Frage.

	theta	loglik	T	AIC	BIC	deviation
Gauss	0.70	337.38	0.04	−672.76	−667.86	0.48
Gumbel	1.79	253.00	0.06	−504.00	−499.10	0.78
Clayton	2.15	456.22	0.02	−910.43	−905.53	0.17
Frank	5.84	318.93	0.04	−635.85	−630.95	0.56

Tabelle 5.5: Überblick über angepasste Parameter und verschiedene Auswahlkriterien auf Basis einer Anpassung nach der CML-Methode

Die Ergebnisse in Tabelle 5.5 zeigen ein ähnliches Bild, wie die Ergebnisse aus der Anpassung nach der IFM-Methode (Tabelle 5.4). Jedoch scheint die Clayton Copula unter Verwendung der empirischen Verteilungsfunktion für die Randverteilungen noch besser zu den Daten zu passen. Dies ist vor allem aufgrund der geringeren Distanz der angepassten zur empirischen Copula zu vermuten.

Vergleich der Methoden:

Zunächst kann festgestellt werden, dass alle Methoden ähnliche Ergebnisse liefern. Die geschätzten Parameter für die Copula-Typen weisen nur geringe Unterschiede auf. Vergleicht man die EML-Anpassung mit einer Anpassung nach der IFM- bzw. der CML-Methode, so fallen deutliche Abweichungen bei den Log-Likelihood-, AIC- und BIC-Werten auf. Wie bereits erwähnt, sind diese Unterschiede auf die verschiedenen Anzahlen an geschätzten Parametern zurückzuführen.

Markante Unterschiede gibt es auch in der Rechenzeit. Die Anpassung nach der EML-Methode hat ca. 62 Sekunden an Rechenzeit erfordert. Die IFM- und CML-Methode hingegen ist innerhalb von acht bis neun Sekunden erfolgt. Es muss allerdings berücksichtigt werden, dass in diesem Beispiel bei der EML- und IFM-Methode keine Randverteilungen ausgewählt werden mussten. Muss dieser Schritt zuvor noch durchgeführt werden, so erhöht sich die Rechenzeit. Somit erweist sich die CML-Methode als schnellste und die EML-Methode als langsamste Anpassungsmethode.

Zu erwähnen ist noch, dass die Berechnungen auf einem Rechner mit einer Taktfrequenz von 1400 MHz (Intel Centrino Banias) mit 512 MB Arbeitsspeicher durchgeführt worden sind.

Zusammenfassend lässt sich noch sagen, dass alle Fit-Methoden das gewünschte Ergebnis geliefert haben, nämlich die Auswahl einer Clayton Copula mit einem Parameter von ca. 2.2.

Empirische Copula

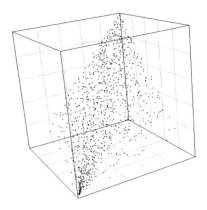

Abbildung 5.2: Empirische Copula der Simulationsdaten aus Kapitel 5.4

In Abbildung 5.2 ist die empirische Copula der in diesem Abschnitt verwendeten Simulationsdaten dargestellt, wobei die Randverteilungen unter Annahme normalverteilter Daten berechnet worden sind[10]. In Abbildung 5.3 sind die Verteilungsfunktion, Dichte und die jeweiligen Konturen der angepassten Copula dargestellt. Die Differenz zwischen allen Punkten der empirischen und der angepassten Copula ist in Abbildung 5.4 zu sehen.

---

[10]Es wurden die Mittelwerte und Standardabweichungen aus den simulierten Zufallszahlen zur Berechnung der Verteilungen verwendet.

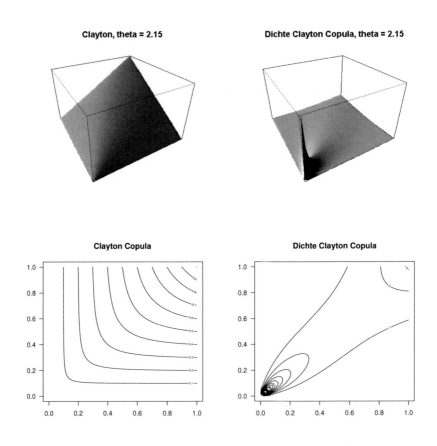

Abbildung 5.3: Verteilungsfunktion, Dichte und die jeweiligen Konturen der angepassten Copula

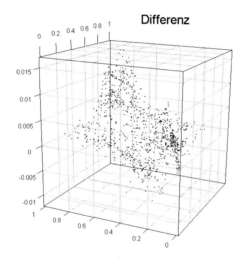

Abbildung 5.4: Differenzen zwischen empirischer und angepasster Copula

Kapitel 6

Empirische Analysen

6.1 Nachbildung der Abhängigkeitsstruktur

In diesem Abschnitt soll gezeigt werden, dass die Abhängigkeitsstruktur zwischen Zufallsvariablen unter der Verwendung von Copula-Funktionen tatsächlich besser nachgebildet werden kann. In einem ersten Schritt werden bivariate Paarungen der Renditen der Zeitreihen BASF, Siemens, BMW und Bayer[1] betrachtet. In weiterer Folge wird ein Portfolio aus drei Datenreihen gebildet und es werden Daten auf Basis der entsprechenden dreidimensionalen Copula nachgebildet.

Aufgrund der hohen Recheneffizienz wird die Anpassung und Auswahl der Copulae nach der IFM-Methode[2] durchgeführt. Ausgewählt wird jene Copula, die den geringsten Abstand zur empirschen Copula aufweist[3], wobei mit Hilfe des Kolmogorov-Smirnov-Tests überprüft wird, ob die Datenstruktur korrekt abgebildet wird.

Zuvor muss jedoch für jede Zufallsvariable eine geeignete Randverteilung ausgewählt und angepasst werden. Zur Auswahl stehen die Normalverteilung, die Student-t-Verteilung, die hyperbolische bzw. die verallgemeinerte hyperbolische Verteilung sowie die Inverse-Gauß-Verteilung[4]. Die Anpas-

---

[1]Es handelt sich um dieselben Daten, die schon in Kapitel 1 verwendet worden sind.
[2]Vgl. Kapitel 5.1.2.
[3]Vgl. Kaptiel 5.3.5.
[4]Vgl. zB Aas und Haff (2005) oder Prause (1997)

sung erfolgt mit Hilfe der Maximum-Likelihood-Methode. Auswahlkriterium ist wiederum die Distanz zur empirischen (univariaten) Verteilung. Auch für die univariaten Modelle wird mit Hilfe der Kolmogorov-Smirnov-Teststatistik überprüft, ob die gewählte Verteilung, die Daten korrekt abbildet.

	margin	alpha	beta	delta	mu	lambda
BASF	HYP	88.355	1.453	0.000	0.000	
Siemens	HYP	68.714	0.704	0.000	0.000	
BMW	GHYP	59.065	-0.531	0.005	0.000	0.444
Bayer	HYP	70.379	0.366	0.000	0.000	

Tabelle 6.1: Überblick über die Best-Fit-Randverteilungen der Zeitreihen BASF, Siemens, BMW und Bayer

Eine Übersicht über die Modellselektion der Randverteilungen ist in Tabelle 6.1 dargestellt. Lediglich für die Datenreihe BMW ist eine verallgemeinerte hyperbolische Verteilung gewählt worden. Die anderen Variablen werden mit einer hyperbolischen Verteilung am besten abgebildet.

	Siemens	BMW	Bayer
BASF	gumbel.amh	gumbel.amh	t.amh
Siemens		t.amh	t.frank
BMW			t.frank

Tabelle 6.2: Überblick über die Best-Fit-Copulae der Zeitreihen BASF, Siemens, BMW und Bayer

Die paarweise Copula-Selektion ist in Tabelle 6.2 dargestellt. Es handelt sich jeweils um konvexe Linearkombinationen[5] von zwei Copula-Typen. Das Kürzel *t.frank* steht beispielsweise für eine konvexe Linearkombination der t-Copula und der Frank-Copula[6]. *amh* beschreibt die dritte archimedische Copula aus Tabelle B, welche auch als Ali-Mikhail-Haq-Copula bezeichnet wird. Die Parameter der angepassten Copulae sind in Tabelle 6.3 ersichtlich.

---

[5]Vgl. 3.4.5.
[6]Vgl. 3.5.

	alpha Copula 1	alpha Copula 2	lamda	df
gumbel.amh	2.521	0.532	0.532	
gumbel.am	1.943	1.000	0.472	
t.amh	0.683	0.977	0.957	4.227
t.amh	0.774	-1.000	0.809	9.503
t.frank	0.483	13.978	0.748	3.186
t.frank	0.473	28.411	0.887	4.028

Tabelle 6.3: Überblick über die Parameter der Best-Fit-Copulae der Zeitreihen BASF, Siemens, BMW und Bayer

6.1.1 Paarweise Nachbildung der Abhängigkeiten

Zur Nachbildung der Datenstruktur werden Zufallszahlen generiert, welche mit den tatsächlichen Realisierungen verglichen werden. Im Folgenden werden drei Paare näher betrachtet, nämlich BASF vs. Bayer, Siemens vs. Bayer und BMW vs. Bayer:

BASF vs. Bayer

Die Abhängigkeit zwischen den Zeitreihen BASF und BMW wird durch eine konvexe Linearkombination der Gumbel- und der Ali-Mikhail-Haq-Copula abgebildet. Anhand von Abbildung 6.1 kann man beurteilen, ob diese Copula-Kombination die Datenstruktur tatsächlich besser abbildet als eine Normalverteilung.

Das linke Bild in Abbildung 6.1 zeigt die beobachteten Daten. Das mittlere Bild zeigt simulierte Datenpunkte, wenn man unterstellt, dass die gemeinsame Verteilung der beiden Zeitreihen BASF und Bayer einer Normalverteilung folgt. Man kann erkennen, dass die realen Daten nicht der elliptischen Form der Normalverteilung entsprechen. Die Beobachtungen zeigen eine Häufung um die Koordinaten $(0, 0)$. Daraus kann man schließen, dass die realen Daten *fat tails* aufweisen, welche durch Unterstellung einer Normalverteilung nicht abgebildet werden.

Im rechten Bild in Abbildung 6.1 sind Zufallszahlen dargestellt, welche auf

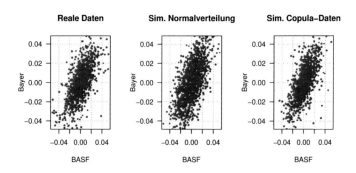

Abbildung 6.1: Vergleich von simulierten Daten der Zeitreihen BASF und Bayer

Basis der angepassten Copula erzeugt worden sind. Man kann erkennen, dass die Häufung der Daten durch die Copula besser nachgebildet wird. Dies hat zur Folge, dass auch die extremen Ereignisse in den Schwänzen der Randverteilungen nachgebildet werden können.

Siemens vs. Bayer

Die Abhängigkeitsstruktur zwischen den Zeitreihen Siemens und Bayer wird durch eine Kombination aus einer t-Copula und einer Frank-Copula beschrieben. Die realen und simulierten Daten sind in Abbildung 6.2 dargestellt.

Aus den drei Bildern ist wieder erkennbar, dass die simulierten, normalverteilten Daten die *fat tails* der Datenstruktur nicht präzise abbilden. Die Copula-Simulationen hingegen zeigen eine ähnliche Häufung wie die realen Daten, dennoch wird aber die Abhängigkeit in den Schwänzen berücksichtigt.

BMW vs. Bayer

Ähnliche Ergebnisse erhält man, wenn die Zeitreihen BMW und Bayer be-

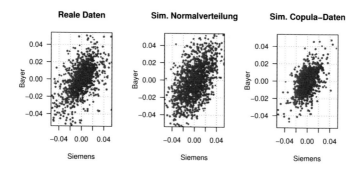

Abbildung 6.2: Vergleich von beobachteten und simulierten Daten der Zeitreihen Siemens und Bayer

trachtet werden. Die entsprechenden Simulationen sind in Abbildung 6.3 dargestellt. Die realen Daten entsprechen nicht der elliptischen Form der Normalverteilung. Die Copula-Simulationen berücksichtigen diese Abweichungen in den Schwänzen.

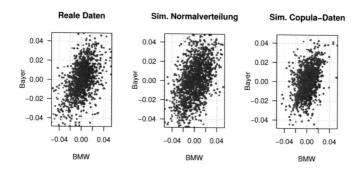

Abbildung 6.3: Vergleich von simulierten Daten der Zeitreihen BMW und Bayer

6.1.2 Multivariate Nachbildung der Abhängigkeiten

Im vorigen Abschnitt ist die Abhängigkeit zwischen paarweisen Kombinationen von Variablen dargestellt worden. Natürlich kann man mit Hilfe von

Copula-Funktionen auch mehrdimensionale Abhängigkeiten darstellen. Um die Simulationen weiterhin grafisch darstellen zu können, wird die Analyse lediglich auf den dreidimensionalen Raum ausgedehnt. Es werden die Zeitreihen BASF, Siemens und BMW durch Simulationen nachgebildet.

Die Informationen über die Randverteilungen entsprechen jenen aus Abschnitt 6.1. Die dreidimensionale *Best-Fit-Copula* ist eine Linearkombination aus einer t-Copula und einer Clayton-Copula[7]. Die angepasste Korrelationsmatrix ist in Tabelle 6.4 ersichtlich. Die Anzahl der Freiheitsgrade beträgt 3.515. Der Parameter α für die Clayton-Copula ist mit $\alpha = 0.320$ angepasst worden. Für die Linearkombination der beiden Copulae ist ein Faktor von $\lambda = 0.847$ ausgewählt worden.

	BASF	Siemens	BMW
BASF	1.000	0.727	0.652
Siemens	0.727	1.000	0.688
BMW	0.652	0.688	1.000

Tabelle 6.4: Korrelationsmatrix für die t-Copula der Zeitreihen BASF, Siemens und BMW

Durch die Erzeugung von Zufallszahlen soll nun versucht werden, die Abhängigkeit zwischen den drei Zeitreihen nachzubilden. Zunächst wird wieder unterstellt, dass die gemeinsame Verteilung einer multivariaten Normalverteilung entspricht, wobei die Korrelationsmatrix jener der Stichprobe entspricht.

In Abbildung 6.4 sind die realen Daten (blau) und die simulierten, normalverteilten Daten (rot) abgebildet, wobei die X-Achse der Zeitreihe Siemens, die Y-Achse der Zeitreihe BASF und die Z-Achse den Datenpunkten der Zeitreihe BMW entspricht. Man kann erkennen, dass sich die realen Daten in der Mitte des Bildes häufen. Die simulierten, normalverteilten Daten bilden diese Häufung jedoch nicht nach und somit wird auch die Abhängigkeit nicht adäquat nachgebildet.

Bildet man Zufallszahlen mit Hilfe der angepassten Copula, so erhält man eine Abhängigkeitsstruktur wie in Abbildung 6.5 dargestellt. Die blauen

---

[7]Die Anpassung ist nach der IFM-Methode erfolgt und als Auswahlkriterium ist die Distanz zur empirischen Copula herangezogen worden.

Normalverteilte Simulation

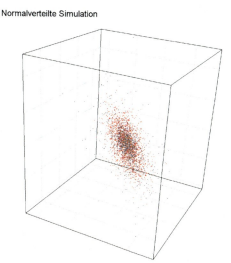

Abbildung 6.4: Multivariate, normalverteilte Simulation der Zeitreihen BASF, Siemens und BMW

Copula Simulation

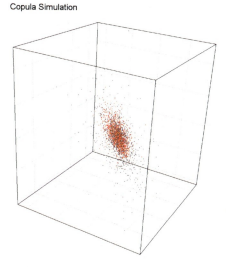

Abbildung 6.5: Copula-basierte Simulation der Zeitreihen BASF, Siemens und BMW

Punkte repräsentieren die realen Daten, die roten Punkte stellen die Simulation dar. Man erkennt deutlich, dass die Häufung der Daten in der Mitte des Bildes mit Hilfe der Copula besser nachgebildet werden kann. Dies bedeutet, dass die Copula-Simulation auch die *fat tails* der gemeinsamen Verteilung berücksichtigen.

In den Abbildungen 6.6 bis 6.8 sind die paarweisen Datenstrukturen der realen Daten sowie der normalverteilten und der Copula-basierten Zufallszahlen abgebildet. Man kann aus dem Vergleich der Abbildungen 6.6 und 6.7 erkennen, dass die realen Daten nicht der elliptischen Form der Normalverteilung entsprechen. Wie aus Abbildung 6.8 zu erkennen ist, berücksichtigen die Copula-basierten Zufallszahlen die breiteren Schwänze und bilden die tatsächliche Abhängigkeitsstruktur nach. Vor allem ein gemeinsames Auftreten von extremen, negativen Ereignissen wird durch die Copula besser abgebildet. Dies ist daran erkennbar, dass die Streuung der Datenpunkte in den unteren Schwänzen der Variablen geringer als bei normalverteilten Daten ist. Diese Eigenschaft der Copula-Simulationen kann vor allem für das Risikomanagement von großer Bedeutung sein.

6.2   Abhängigkeitsmaße

In diesem Abschnitt werden die in Kapitel 4 diskutierten Abhängigkeitsmaße für die Zeitreihen BASF, Siemens, BMW und Bayer berechnet. Zur Veranschaulichung der Datenstruktur sind in Abbildung 6.9 alle paarweisen Kombinationen der vier Zeitreihen dargestellt. Zur Berechnung der Copulabasierten Abhängigkeitsmaße werden jene Copulae herangezogen, die in Tabelle 6.2 aufgelistet sind. Die entsprechenden Parameter sind in Tabelle 6.3 angeführt.

6.2.1   Korrelationskoeffizient nach Pearson

Unterstellt man, dass die abgebildeten Abhängigkeiten zwischen den Daten linear sind bzw. dass die Daten normalverteilt sind, so ist der Korrelationskoeffizient nach Pearson ein geeignetes Maß zur Beschreibung der

Reale Daten

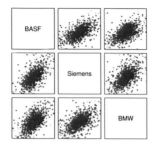

Abbildung 6.6: Pair-Plots der realen Daten

Simulation Normalverteilung

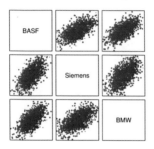

Abbildung 6.7: Pair-Plots der simulierten Normalverteilung

Simulation mit Copula–Zufallszahlen

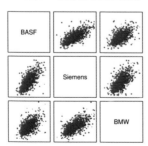

Abbildung 6.8: Pair-Plots der simulierten Copula-Daten

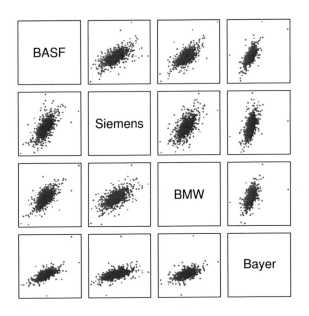

Abbildung 6.9: Pair Plots der Zeitreihen BASF, Siemens, BMW und Bayer

Abhängigkeit. Die Korrelationsmatrix der vier Zeitreihen ist in Tabelle 6.5 dargestellt.

Aus Tabelle 6.5 und Abbildung 6.9 ist zunächst erkennbar, dass alle Paare eine positive Abhängigkeit aufweisen. Betrachtet man beispielsweise die Abhängigkeit zwischen den Renditen der Zeitreihen Siemens und Bayer, so unterstellt der Korrelationskoeffizient eine starke, positive Abhängigkeit. Aufgrund des entsprechenden Bildes in Abbildung 6.9 wird man auch eine starke, positive Abhängigkeit unterstellen.

In Kapitel 2 ist diskutiert worden, dass der Korrelationskoeffizient nur dann ein geeignetes Abhängigkeitsmaß darstellt, wenn eine elliptische Verteilung der Daten vorliegt. Es ist aber bereits in Abbildung 6.2 gezeigt worden, dass die Datenreihen BASF und BMW nicht die elliptische Form einer Normalverteilung aufweisen. Abbildung 6.2 bzw. das entsprechende Bild in Abbil-

	BASF	Siemens	BMW	Bayer
BASF	1.000	0.641	0.636	0.667
Siemens	0.641	1.000	0.614	0.548
BMW	0.636	0.614	1.000	0.520
Bayer	0.667	0.548	0.520	1.000

Tabelle 6.5: Korrelationsmatrix der Zeitreihen BASF, Siemens, BMW und Bayer

dung 6.9 lässt vermuten, dass eine stärkere Abhängigkeit zwischen extremen Ereignissen vorliegt. Deshalb ist zu beachten, dass der Korrelationskoeffizient möglicherweise nicht zur Beschreibung der Abhängigkeit zwischen den zwei Zeitreihen geeignet ist.

6.2.2 Kendall's Tau

Untersucht man zwei Zeitreihen auf ihre paarweise Konkordanz bzw. Diskonkordanz, so ist Kendall's Tau τ das geeignete Maß zur Beschreibung der Abhängigkeitsstruktur[8]. In Tabelle 6.6 sind die Werte für Kendall's Tau τ der Zeitreihen BASF, Siemens, BMW und Bayer dargestellt.

	BASF	Siemens	BMW	Bayer
BASF	1.000	0.473	0.405	0.472
Siemens	0.473	1.000	0.421	0.429
BMW	0.405	0.421	1.000	0.376
Bayer	0.472	0.429	0.376	1.000

Tabelle 6.6: Kendall's Tau der Zeitreihen BASF, Siemens, BMW und Bayer

Auch die Werte in Tabelle 6.6 zeigen durchgehend eine positive Abhängigkeit zwischen den Zeitreihen. Bei einem ersten Vergleich der Korrelationsmatrix (Tabelle 6.5) und der Werte für Kendall's Tau τ fällt jedoch sofort auf, dass die Abhängigkeit in Bezug auf die paarweise Konkordanz nicht so stark ausgeprägt ist wie die Korrelation nach Pearson.

---

[8]Vgl. Abschnitt 4.3.1.

Betrachtet man wieder die Abhängigkeit zwischen den Zeitreihen Siemens und Bayer, so liegt der Wert für Kendall's Tau τ bei $\tau = 0.429$. Der Korrelationskoeffizient nach Pearson ρ beträgt $\rho = 0.548$. Wird also berücksichtigt, dass die Daten nicht normalverteilt sind, so ist die Abhängigkeit nicht so stark ausgeprägt. Ähnliches zeigt sich auch für alle anderen Variablen.

6.2.3 Spearman's Rho

Ebenfalls auf Konkordanz basiert das Abhängigkeitsmaß Spearman's Rho ρ_S. Berechnet man die Werte für die Zeitreihen BASF, Siemens, BMW und Bayer, so erhält man das Ergebnis, das in Tabelle 6.7 dargestellt ist.

	BASF	Siemens	BMW	Bayer
BASF	1.000	0.641	0.568	0.657
Siemens	0.641	1.000	0.562	0.581
BMW	0.568	0.562	1.000	0.515
Bayer	0.657	0.581	0.515	1.000

Tabelle 6.7: Spearman's Rho der Zeitreihen BASF, Siemens, BMW und Bayer

Es fällt auf, dass Spearman's Rho ρ_S und Kendall's Tau τ deutlich voneinander abweichen. Die Ursache hierfür ist bereits in Abschnitt 4.3.2 diskutiert worden und liegt an der Anzahl der Paarungen, die auf Konkordanz untersucht werden.

Dennoch ist aus Tabelle 6.7 ersichtlich, dass mit Ausnahme der Kombination Siemens und Bayer die Werte von Spearman's Rho ρ_S niedriger sind als jene der Korrelationsmatrix aus Tabelle 6.5. Betrachtet man zum Beispiel die Abhängigkeit zwischen den Renditen von BASF und BMW, so ist Spearman's Rho mit $\rho_S = 0.568$ gegeben. Der Korrelationskoeffizient dieser Variablen beträgt $\rho = 0.636$, wohingegen Kendall's Tau mit $\tau = 0.405$ gegeben ist.

Da sowohl Spearman's Rho ρ_S als auch Kendall's Tau τ vom Korrelationskoeffizienten nach Pearson abweichen, ist anzunehmen, dass die Abhängigkeit zwischen den betrachteten Variablen nicht linear ist. Somit kann die Unterstellung einer Normalverteilung zu Fehlschlüssen führen.

6.2.4 Tail Dependence

Die Abweichungen zwischen Spearman's Rho ρ_S, Kendall's Tau τ und dem Korrelationskoeffizienten nach Pearson ρ weisen darauf hin, dass komplexere Abhängigkeitsstrukturen vorliegen. Ein Grund für die Abweichungen könnte sein, dass verstärkte Zusammenhänge beim Auftreten extremer Ereignisse bestehen. Zur Messung einer solchen *Tail Dependence* sind bereits in Abschnitt 4.4 der *Upper-Tail-Dependence*-Parameter λ_U und der *Lower-Tail-Dependence*-Parameter λ_L diskutiert worden.

Um diese wichtigen Abhängigkeitsmaße besser verstehen zu können, wird zunächst eine einfache, empirische Schätzung dieser Parameter vorgenommen. Dazu werden die beiden Zeitreihen BASF und Bayer betrachtet, deren Realisierungen in Abbildung 6.10 dargestellt sind. Die strichlierten Linien entsprechen den jeweiligen empirischen Quantilen der Zeitreihen mit $\alpha = 0.025$ bzw. $\alpha = 0.975$.

Der rechte obere Quadrant in Abbildung 6.10 enthält nur jene Datenpunkte, wo sowohl die Realisierungen der Zeitreihe BASF als auch die Realisierungen der Zeitreihe Bayer größer als das jeweilige empirische Quantil mit $\alpha = 0.975$ sind. Es sind 12 solche Datenpunkte im rechten oberen Quadranten zu zählen.

Es gibt 36 Elemente in der Zeitreihe BASF, die das empirische Quantil mit $\alpha = 0.975$ überschreiten. Somit erhält man mit $\frac{12}{36} = 0.33$ eine empirische Schätzung für die Wahrscheinlichkeit, dass die Werte von Bayer größer sind als das empirische Quantil mit $\alpha = 0.975$ unter der Voraussetzung, dass auch die Realisierung der Zeitreihe BASF größer als das empirische Quantil mit $\alpha = 0.975$ ist.

Bedingt man die Wahrscheinlichkeit auf Realisierungen der Zeitreihe Bayer, die größer als das empirische Quantil mit $\alpha = 0.975$ sind, so erhält man ebenfalls einen Schätzwert für den *Upper-Tail-Dependence*-Parameter von $\frac{12}{36}$, weil auch 36 Elemente der Zeitreihe Bayer das empirische Quantil überschreiten.

Ähnlich wie für den oberen rechten Quadranten lässt sich auch eine empirische Schätzung für die *Lower-Tail-Dependence* durchführen. Setzt man

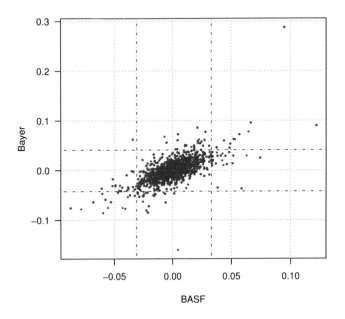

Abbildung 6.10: Realisierungen der Zeitreihen Siemens und Bayer

voraus, dass die Realisierungen der Zeitreihe Bayer das empirische Quantil mit $\alpha = 0.025$ nicht überschreiten, so erhält man einen Schätzwert von $\frac{14}{36}$. Bedingt man auf die Zeitreihe BASF, so beträgt der Schätzwert ebenfalls $\frac{14}{36}$.

Natürlich muss erwähnt werden, dass diese empirische Schätzung nur mit Vorsicht zu genießen ist. Der Ermessensspielraum, ab wann eine Realisierung als extrem betrachtet wird, kann nicht eindeutig definiert werden. Hier werden willkürlich die empirischen Quantile mit $\alpha = 0.025$ bzw. $\alpha = 0.975$ als Grenze für extreme Realisierungen gewählt. Fortin und Kuzmics (2002) zeigen eine ähnliche Analyse der DAX- und FTSE-Renditen. Die Autoren bezeichnen in ihrer Analyse ein Ereignis als extrem, wenn die Abweichung größer als die dreifache Standardabweichung ist.

Trotz des großen Spielraums verdeutlichen die empirischen Schätzwerte, was unter *Tail Dependence* zu verstehen ist. In den Tabellen 6.8 und 6.9 sind die *Upper-Tail-Dependence-* und *Lower-Tail-Dependence*-Parameter angeführt, die mit Hilfe der angepassten Copulae berechnet worden sind.

	BASF	Siemens	BMW	Bayer
BASF		0.364	0.269	0.350
Siemens	0.364		0.221	0.218
BMW	0.269	0.221		0.210
Bayer	0.350	0.218	0.210	

Tabelle 6.8: Upper Tail Dependence der Zeitreihen BASF, Siemens, BMW und Bayer

	BASF	Siemens	BMW	Bayer
BASF		0.000	0.264	0.350
Siemens	0.000		0.221	0.218
BMW	0.264	0.221		0.210
Bayer	0.350	0.218	0.210	

Tabelle 6.9: Lower Tail Dependence der Zeitreihen BASF, Siemens, BMW und Bayer

Aus Tabelle 6.8 kann man ablesen, dass alle paarweise verglichenen Zeitreihen *Upper-Tail-Dependence* aufweisen. Dies bedeutet, dass extreme, positive Realisierungen zweier Variablen die Tendenz aufweisen, gemeinsam aufzutreten. Je näher der Parameter bei eins liegt, umso größer ist die Abhängigkeit in den Tails. Ist der Parameter gleich null, so liegt keine Abhängigkeit in den Tails vor. Vergleicht man den Wert für die Variablen BASF und Bayer, so fällt auf, dass der empirisch geschätzte Wert den berechneten Wert tatsächlich approximiert.

Tabelle 6.9 verdeutlicht, dass mit Ausnahme der Abhängigkeit von Siemens und BASF alle Variablen auch *Lower-Tail-Dependence* aufzeigen. Auch hier weicht der empirisch geschätzte Wert nicht allzusehr vom berechneten Wert ab. Diese Abhängigkeit in den unteren Schwänzen der Randverteilungen ist unter anderem für das Risikomanagement von Bedeutung, denn es besteht die Tendenz dazu, dass extreme, negative Realisierungen gemeinsam auftreten. Würde man hingegen normalverteilte Daten unterstellen, so wären die *Tail-Dependence*-Parameter $\lambda_U = \lambda_L = 0$ und man würde nicht berücksichtigen, dass die Tendenz besteht, dass negative Realisierungen zweier Zufallsvariablen gemeinsam auftreten. Dies kann zu Fehlschlüssen im Riskiomanagement führen.

Ein Vergleich der *Tail-Dependence*-Parameter mit den bisher beschriebenen Abhängigkeitsmaßen ist nicht zulässig. Betrachtet man erneut Abbildung 6.10, so berücksichtigen die *Tail-Dependence*-Parameter lediglich die Abhängigkeit im linken unteren bzw. im rechten oberen Quadranten. Die lineare Korrelation und die Rangkorrelationen beschreiben jedoch die Abhängigkeit aller Datenpunkte.

Vergleicht man die Tabellen 6.8 und 6.9, so fällt auf, dass in manchen Fällen die Parameter den gleichen Wert annehmen. Die Ursache hierfür ist, dass eine symmetrische Copula zur Beschreibung der Abhängigkeitsstruktur ausgewählt worden ist. Für die Zeitreihen Siemens und Bayer ist beispielsweise eine konvexe Linearkombinations aus einer t- und einer Frank-Copula gewählt worden. Beide Copulae sind symmetrisch, was bedeutet, dass die Abhängigkeit in den oberen und unteren Schwänzen gleich stark ist.

Grafisch ist die Abhängigkeit in den Schwänzen für die hier verwendeten Zeitreihen nur bedingt in Abbildung 6.9 erkennbar. Die Abhängigkeit in den Tails wird erst deutlich, wenn man die Bilder mit jenen von simulierten, normalverteilten Daten vergleicht, was in Abschnitt 6.1.1 bereits diskutiert worden ist. Es können jedoch auch empirische Daten gefunden werden, wo *Tail Dependence* auf den ersten Blick erkennbar ist[9].

6.2.5 Gini's Koeffizient

Das Abhängigkeitsmaß nach Corrado Gini beruht auf dem Konzept der Konkordanz[10]. In Tabelle 6.10 sind die Koeffizienten für die vier Zeitreihen BASF, Siemens, BMW und Bayer angegeben. Alle Werte sind positiv und zeigen somit einen positiven Zusammenhang zwischen den Variablen.

Vergleicht man Gini's γ mit den Werten von Kendall's Tau τ aus Tabelle 6.6

---

[9]Vgl. hierzu Abbildung 4.2.
[10]Vgl. Kapitel 4.2 und 4.5.1.

	BASF	Siemens	BMW	Bayer
BASF	1.000	0.528	0.458	0.530
Siemens	0.528	1.000	0.464	0.478
BMW	0.458	0.464	1.000	0.418
Bayer	0.530	0.478	0.418	1.000

Tabelle 6.10: Gini's Koeffizient der Zeitreihen BASF, Siemens, BMW und Bayer

und mit jenen von Spearman's Rho ρ_S aus Tabelle 6.6, so fällt auf, dass Gini's γ jeweils zwischen den Werten von Kendall's Tau τ und Spearman's Rho ρ_S liegt. Außerdem sind die Koeffizienten nach Gini ebenfalls niedriger als die Korrelationskoeffizienten nach Pearson ρ (Tabelle 6.5). Somit scheint wiederum bestätigt zu werden, dass die Korrelation nach Pearson nur bedingt zur Beschreibung der Abhängigkeit geeignet ist.

6.2.6 Blomqvists's Beta

Der *medial correlation coefficient* nach Blomqvist (1950) ist ein guter Approximationswert für Kendall's Tau[11] τ. Dies wird schnell offensichtlich, wenn die Werte für Blomqvist's β in Tabelle 6.11 betrachtet werden.

	BASF	Siemens	BMW	Bayer
BASF	1.000	0.475	0.405	0.472
Siemens	0.475	1.000	0.418	0.442
BMW	0.405	0.418	1.000	0.380
Bayer	0.472	0.442	0.380	1.000

Tabelle 6.11: Blomqvist's Beta der Zeitreihen BASF, Siemens, BMW und Bayer

Bereits ohne Transformation in eine MacLaurin-Reihe liegen die Werte nahe bei jenen von Kendall's Tau τ aus Tabelle 6.6. Vergleicht man beispielsweise die Werte für die Variablen BASF und Siemens, so ist $\tau = 0.473$ und $\beta = 0.475$. Somit zeigt auch dieses Abhängigkeitsmaß, dass die Stärke der

---

[11]Vgl. hierzu Kapitel 4.5.2.

Abhängigkeit zwischen den Variablen aufgrund der Korrelation nach Pearson überschätzt werden könnte. Diese beträgt für das genannte Beispiel $\rho = 0.636$.

6.2.7 Schweizer und Wolff's Sigma

Schweizer und Wolff's σ_{SW} ist ein Abhängigkeitsmaß, das in Zusammenhang mit Spearman's Rho ρ_S steht. Schweizer und Wolff's σ_{SW} liefert jedoch keine Informationen darüber, ob eine positive oder negative Abhängigkeit zwischen Zufallsvariablen vorliegt, sondern zeigt nur die Stärke der Abhängigkeit.

In Tabelle 6.12 sind die Werte für Schweizer und Wolff's σ_{SW} für die Zeitreihen BASF, Siemens, BMW und Bayer angegeben. Es sind zwar alle Werte positiv, dennoch heißt dies nicht, dass eine positive Abhängigkeit zwischen den Variablen vorliegt. Würden zwei Variablen einen negativen Zusammenhang aufweisen, so wäre Schweizer und Wolff's σ_{SW} trotzdem positiv. Somit ist Schweizer und Wolff's σ_{SW} ein Abhängigkeitsmaß, das lediglich die Stärke der Abhängigkeit zwischen zwei Zufallsvariablen beschreibt. Betrachtet man beispielsweise die Zeitreihen Siemens und BMW, so erkennt man, dass die Abhängigkeit zwischen den Variablen mit $\sigma_{SW} = 0.663$ sehr stark ausgeprägt ist.

	BASF	Siemens	BMW	Bayer
BASF	1.000	0.639	0.567	0.648
Siemens	0.639	1.000	0.663	0.571
BMW	0.567	0.663	1.000	0.504
Bayer	0.648	0.571	0.504	1.000

Tabelle 6.12: Schweizer und Wolff's Sigma der Zeitreihen BASF, Siemens, BMW und Bayer

Vergleicht man Tabelle 6.12 mit Tabelle 6.7, so fällt die Ähnlichkeit von Schweizer und Wolff's σ_{SW} mit Spearman's Rho ρ_S schnell auf. Lediglich die Werte für die Variablen Siemens und BMW weichen etwas stärker voneinander ab. Dies kann ein Indiz für eine sehr komplexe Abhängigkeitsstruktur sein.

6.3 Anwendung in der Portfoliooptimierung

In Abschnitt 6.2 ist gezeigt worden, dass die verschiedenen Abhängigkeitsmaße die Zusammenhänge der Variablen BASF, Siemens, BMW und Bayer durchaus unterschiedlich bewerten. Durch Vergleich aller Abhängigkeitsmaße erhält man ein besseres Bild über die tatsächliche Abhängigkeitsstruktur der Variablen. Die Tabellen 6.5 bis 6.12 zeigen beispielsweise, dass der Korrelationskoeffizient nach Pearson die tatsächliche Abhängigkeit zwischen den vier Variablen nur bedingt abbildet. Da schon in Kapitel 1 gezeigt worden ist, dass die vier Zeitreihen von Renditen keiner Normalverteilung unterliegen, ist dieses Ergebnis keine Überraschung. Denn schließlich ist die lineare Korrelation nur ein geeignetes Abhängigkeitsmaß, wenn eine elliptische Verteilung vorliegt.

Dennoch stellt sich nun die Frage, in welchem Anwendungsbereich man die invarianten Abhängigkeitsmaße einsetzen kann. Hierzu liefert beispielsweise Fantazzini (2003) einen Vorschlag, wie Kendall's Tau τ Eingang in die Portfolio-Optimierung finden kann. Fantazzini (2003) sucht nach dem Minimum-Varianz-Portfolio, berechnet aber die Varianz-Kovarianz-Matrix mit Hilfe des invarianten Abhängigkeitsmaßes Kendall's Tau τ.

Nach dem Standardansatz kann man jedes Element der Varianz-Kovarianz-Matrix mit

$$\rho_{i,j}\sigma_i\sigma_j \tag{6.1}$$

berechnen, wobei i für die Zeilenindexierung und j für die Spaltenindexierung der Varianz-Kovarianz-Matrix steht und ρ den Korrelationskoeffizienten nach Pearson bezeichnet. σ beschreibt die Standardabweichung der jeweiligen Variable. Fantazzini (2003) ersetzt nun ρ mit Kendall's Tau τ. Somit wird jedes Element der Risikomatrix mit

$$\tau_{i,j}\sigma_i\sigma_j \tag{6.2}$$

berechnet.

Natürlich ist eine solche Transformation der Risikomatrix mit jedem Abhängigkeitsmaß, das zwischen -1 und 1 standardisiert ist, vorstellbar. Um das Potential solcher Transformationen der Risikomatrix aufzuzeigen, sind in den Abbildungen 6.11 und 6.12 die Effizienzlinien des Portfolios der Zeitreihen BASF, Siemens, BMW und Bayer unter Verwendung verschiedener Abhängigkeitsmaße dargestellt.

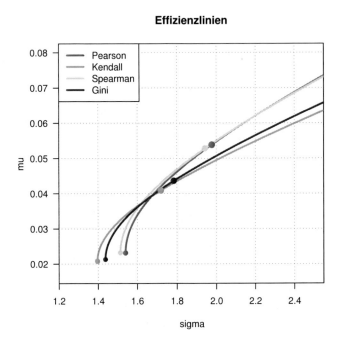

Abbildung 6.11: Effizienzlinien, Minimum-Varianz-Portfolio und Mean-Variance-Portfolio ($\lambda = 2$) der Zeitreihen BASF, Siemens, BMW und Bayer unter Verwendung verschiedener Abhängigkeitsmaße

Betrachtet man Abbildung 6.11, so sind vier Effizienzlinien zu erkennen. Die erste Linie entspricht der Effizienzline einer Portfolioselektion nach dem Standardansatz ohne Transformation der Varianz-Kovarianz-Matrix. Die zweite Linie zeigt die Effizienzlinie, wenn die Risikomatrix mit Hilfe von Kendall's Tau τ berechnet wird. Die dritte Line stellt die Effizienzlinie dar, wenn Spearman's Rho ρ_S zur Transformation verwendet wird und unter Verwendung von Gini's γ erhält man die vierte Linie[12].

---

[12]Hier kann Gini's γ ebenfalls verwendet werden, weil alle Variablen eine positive Abhängigkeit aufweisen.

Betrachtet man die jeweiligen Minimum-Varianz-Portfolios, so erkennt man, dass das Risiko[13] unter Verwendung der alternativen Abhängigkeitsmaße stärker reduziert werden kann als mit dem Standardansatz. Jedoch führt dies mit Ausnahme bei der Verwendung von Spearman's Rho ρ_S ebenfalls zu geringeren Portfoliorenditen.

Die dicker eingezeichneten Punkte in den Abbildungen 6.11 und 6.12 stellen die optimalen Portfolios einer Mean-Variance-Optimierung dar, wobei die Varianz-Kovarianz-Matrix mit den entsprechenden Abhängigkeitsmaßen berechnet worden ist. In Abbildung 6.11 ist für die Risikoaversion ein Parameter von $\lambda = 2$ gewählt worden[14]. Wiederum kann das Risiko durch Verwendung der alternativen Abhängigkeitsmaße verringert werden, allerdings sinken dadurch auch die Renditen der Portfolios.

Abbildung 6.12 zeigt die optimalen Portfolios, wenn eine Risikoaversion von $\lambda = 4$ unterstellt wird. Das Risiko kann durch Verwendung alternativer Abhängigkeitsmaße wieder minimiert werden. Jedoch sind auch für $\lambda = 4$ die Renditen der optimalen Portfolios geringer als jene unter Verwendung der traditionellen Risikomatrix. Je größer die Risikoaversion angenommen wird, umso näher liegt das optimale Portfolio beim jeweiligen Minimum-Varianz-Portfolio. Daher ist es im gezeigten Beispiel besonders für sehr risikoaverse Investoren von Vorteil, alternative Abhängigkeitsmaße in der Optimierung zu verwenden.

Natürlich ist das gezeigte Beispiel sehr einfach. Fantazzini (2003) zeigt aber, dass die Performance des von ihm verwendeten Portfolios unter Verwendung von Kendall's Tau τ zur Berechnung der Risikomatrix signifikant höher ist als die Portfolio-Performance unter Verwendung der traditionellen Varianz-Kovarianz-Matrix. Hierbei ist zu erwähnen, dass er in seinem Modell noch zusätzlich Prognosen für die Optimierung einsetzt[15]. Diese Prognosen dienen sowohl für den Standardansatz mit traditioneller Risikomatrix als auch für die Optimierung mit transformierter Risikomatrix als Basis für die Umschichtungen des Portfolios.

---

[13]Nach Markowitz (1952) wird das Risiko anhand der Volatilität der Portfoliorenditen gemessen.

[14]Es wird eine exponentielle Nutzenfunktion mit dem Parameter λ unterstellt. Desweiteren wird unterstellt, dass das Anfangsvermögen $w_0 = 1$ ist, um eine konstante relative Risikoaversion zu erhalten. λ kann somit direkt zur Beschreibung der Risikoaversion verwendet werden.

[15]Zur Prognose wird ein AR(6)-Modell geschätzt, wobei die Volatilität mit einem GARCH(1, 1)-Modell berücksichtigt wird.

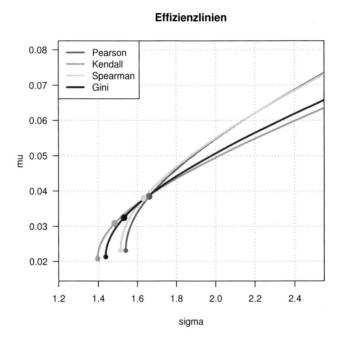

Abbildung 6.12: Effizienzlinien, Minimum-Varianz-Portfolio und Mean-Variance-Portfolio ($\lambda = 4$) der Zeitreihen BASF, Siemens, BMW und Bayer unter Verwendung verschiedener Abhängigkeitsmaße

Nichtsdestotrotz kann das hier gezeigte Beispiel schon verdeutlichen, dass die Verwendung eines geeigneten Abhängigkeitsmaßes durchaus Auswirkungen auf die Portfoliooptimierung haben kann. Somit muss in weiterer Folge grundsätzlich in Frage gestellt werden, ob bei Vorliegen von nichtlinearen Abhängigkeiten wie beispielsweise beim Auftreten von *Tail-Dependence* die Varianz überhaupt zur Messung des Risikos geeignet ist. Abbildungen 6.11 und 6.12 zeigen mögliche Auswirkungen auf die Zusammensetzung des Minimum-Varianz-Portfolios. Nichtlineare Abhängigkeiten erschweren somit, die Zusammensetzung eines *optimalen* Portfolios zu finden.

Kapitel 7

Zusammenfassung

Der Korrelationskoeffizient nach Pearson ist ein weit verbreitetes und oft eingesetztes Maß zur Beschreibung von Abhängigkeiten zwischen Zufallsvariablen. Dennoch gibt es Fälle, wo der Korrelationskoeffizient zur Messung von Zusammenhängen zwischen Variablen ungeeignet ist. Die Korrelation nach Pearson ist nur dann ein adäquates Maß, wenn die betrachteten Zufallsvariablen einer elliptischen Verteilung wie beispielsweise der Normalverteilung folgen.

In Kapitel 1 werden daher die Renditen von vier Finanzzeitreihen, nämlich den Zeitreihen BASF, Siemens, BMW und Bayer auf *Normalität* untersucht. Das Ergebnis dieser explorativen Analyse zeigt, dass Finanzzeitreihen sehr häufig nicht den Bedingungen einer Normalverteilung entsprechen. Somit scheint die Korrelation nicht geeignet zu sein, die Abhängigkeit zwischen Finanzzeitreihen in einem geeigneten Ausmaß zu beschreiben.

Ein weiteres Problem des Korrelationskoeffizienten nach Pearson ist, dass das Abhängigkeitsmaß nur bei linearen, streng monotonen Transformationen invariant ist. Das bedeutet, dass nur lineare Zusammenhänge zwischen Zufallsvariablen durch den Korrelationskoeffizienten beschrieben werden können. In einer Simulationsstudie in Abschnitt 2.2 wird daher gezeigt, dass die Abhängigkeitsstrukturen zwischen Zufallsvariablen trotz identer Korrelation sehr unterschiedlich sein können. Mit dieser Analyse wird die Einführung von Abhängigkeitsmaßen motiviert, die bei jeder streng monotonen Transformation invariant sind.

In weiterer Folge werden in Kapitel 2.3 drei Fehlschlüsse diskutiert, die häufig im Zusammenhang mit dem Korrelationskoeffizienten nach Pearson gezogen werden. Es wird gezeigt, dass aufgrund der linearen Korrelation und Informationen über die Randverteilungen von Zufallsvariablen noch keine ausreichende Aussage über die gemeinsame Verteilung der Variablen gemacht werden kann. Außerdem wird beschrieben, dass bei gegebenen Randverteilungen die Korrelationskoeffizienten zwischen den Zufallsvariablen nicht zwingend alle Werte in $[-1, 1]$ annehmen können. Ein Fehlschluss im Zusammenhang mit dem maximalen *Value at Risk* eines Portfolios wird ebenfalls beschrieben.

Aufgrund dieser Einschränkungen der Korrelation ist der Einsatz von alternativen Abhängigkeitsmaßen gerechtfertigt. Die Einführung von invarianten Abhängigkeitsmaßen wird auf die Theorie der Copulae gestützt. Eine Copula ist eine Funktion, die Informationen über die Randverteilungen und die Abhängigkeitsstruktur von Zufallsvariablen kombiniert und somit auf einfachem Wege die gemeinsame Verteilungsfunktion der Variablen abbildet. Copulae haben einige sehr nützliche Eigenschaften, welche ausführlich in Kapitel 3 diskutiert werden. Die bedeutendste Eigenschaft für diese Arbeit ist jedoch die Invarianz von Copulae.

Diese Invarianz erlaubt es, Abhängigkeitsmaße unter Verwendung von Copula-Funktionen zu definieren. Diese Abhängigkeitsmaße sind aufgrund der Invarianz der Copulae ebenfalls invariant. In Kapitel 4 werden sieben Maße diskutiert, nämlich die Rangkorrelationen *Kendall's Tau* τ und *Spearman's Rho* ρ_S, die *Upper-* und *Lower-Tail-Dependence*-Parameter λ_U und λ_L, Gini's Koeffizient γ, Blomqvist's β und Schweizer und Wolff's σ_{SW}.

Da es eine große Anzahl an Copula-Funktionen gibt, ist es zur Berechnung dieser Abhängigkeitsmaße zunächst notwendig, eine Copula zu finden, welche die Datenstruktur von Zufallsvariablen adäquat beschreibt. Daher werden in Kapitel 5 die drei wichtigsten Methoden zur Anpassung und Kalibrierung einer Copula-Funktion beschrieben. Auch die Eignung von verschiedenen Auswahlkriterien wird besprochen.

In Kapitel 6 wird schließlich versucht, die Abhängigkeitsstruktur der Finanzzeitreihen BASF, Siemens, BMW und Bayer mit Hilfe von Copulae nachzubilden. Es kann gezeigt werden, dass die Abhängigkeitsstruktur der

Daten mit Hilfe einer Copula tatsächlich besser nachgebildet werden kann als mit einer Normalverteilung. Eine Analyse der verschiedenen Abhängigkeitsmaße für diese vier Zeitreihen verdeutlicht die Probleme bei der Interpretation des Korrelationskoeffizienten nach Pearson. Weiters wird an einem einfachen Beispiel gezeigt, dass die Auswahl eines geeigneten Abhängigkeitsmaßes große Bedeutung für die Portfoliooptimierung haben kann.

Ziel dieser Arbeit ist es somit, Probleme und Fehlschlüsse im Zusammenhang mit dem Korrelationskoeffizienten nach Pearson aufzuzeigen und richtig zu stellen. Der weit verbreitete Einsatz der Korrelation und mögliche Fehlentscheidungen in der Portfoliooptimierung unter Verwendung der Korrelation rechtfertigen diese Analyse.

Abschließend ist zu erwähnen, dass alle in dieser Arbeit dargestellten Analysen mit Hilfe der Softwareumgebung *R* inklusive den Paketen *copula* und *fCopulae* durchgeführt worden sind. Für Informationen zur Softwareumgebung *R* sei auf die Webseite http://www.r-project.org verwiesen. Das Paket *fCopulae* ist Bestandteil der *Rmetrics*-Reihe. Informationen zu *Rmetrics* können auf http://www.rmetrics.org gefunden werden. Die Funktionen für die durchgeführten Analysen sind zu einem großen Teil vom Autor selbst programmiert worden.

Sollte diese Arbeit das Interesse des Lesers geweckt haben, so können mit dem *R*-Paket *fCopulae* erste Experimente mit bivariaten Copula-Funktionen durchgeführt werden. Dieses Paket kann auf http://cran.at.r-project.org gefunden werden.

Literaturverzeichnis

[Aas und Haff 2005]   AAS, Kjersti ; HAFF, Ingrid H.: NIG and Skew Student's t: Two special cases of the Generalised Hyperbolic distribution. In: *NR Note* (2005), January. – Norwegian Computing Center - Applied Research and Development

[Black und Scholes 1973]   BLACK, Fischer ; SCHOLES, Myron: The Pricing of Options and Corporate Liabilities. In: *Journal of Political Economy* 81 (1973), May-June, Nr. 3, S. 637–654. – erhältlich unter http://ideas.repec.org/a/ucp/jpolec/v81y1973i3p637-54.html

[Blomqvist 1950]   BLOMQVIST, N.: On a measure of dependence between two random variables. In: *Ann Math Statist* 21 (1950), S. 593–600

[Brooks 2002]   BROOKS, Chris: *Introductory econometrics for finance.* Cambridge University Press, 2002

[Burnham und Anderson Nov 2004]   BURNHAM, Kenneth P. ; ANDERSON, David R.: Multimodel Inference: Understanding AIC and BIC in Model Selection. In: *Sociological Methods Research* 33 (Nov 2004), S. 261 – 304

[Cherubini u. a. 2004]   CHERUBINI, Umberto ; LUCIANO, Elisa ; VECCHIATO, Walter: *Copula Methods in Finance (Wiley Finance Series).* Wiley & Sons, 2004. – ISBN 0470863447

[Cox u. a. 1984]   COX, D. R. ; COX, Cox ; OAKES, David: *Analysis of Survival Data.* Chapman & Hall/CRC, 1984

[Eberlein 2001]   EBERLEIN, Ernst: Lévy processes: Theory and applications. In: *Birkhauser* (2001). – ch.: Application of generalized hyperbolic Lévy motions to finance

LITERATURVERZEICHNIS

[Eberlein und Keller 1995]   EBERLEIN, Ernst ; KELLER, Ulrich: Hyperbolic Distributions in Finance. In: *Bernoulli* (1995), April, S. 281 – 299

[Embrechts u. a. 2003]   EMBRECHTS, P. ; LINDSKOG, F. ; MCNEIL, A.J.: Modelling dependence with copulas and applications to risk management. In: *Handbook of heavy tailed distributions in finance* (2003)

[Embrechts u. a. 1999]   EMBRECHTS, P. ; MCNEIL, A. ; STRAUMANN, D.: Correlation and dependency in risk management: properties and pitfalls. In: *ETH Preprint* (1999). – Swiss Federal Institute of Technology, Zurich

[Fantazzini 2003]   FANTAZZINI, Dean: Copula's Conditional Dependence Measures for Portfolio Management and Value at Risk. In: *Working Paper* (2003)

[Fortin und Kuzmics 2002]   FORTIN, Ines ; KUZMICS, Christoph: Tail-Dependence in Stock-Return Pairs. In: *Economic Series* (2002), November

[Frank u. a. 1987]   FRANK, M. ; NELSEN, R. B. ; SCHWEIZER, B.: Best-possible bounds for the distributions of a sum - a problem of Kolmogorov. In: *Probability Theory and Related Fields* 74 (1987), S. 199–211

[Frank J. Massey 1951]   FRANK J. MASSEY, Jr.: The Kolmogorov-Smirnov Test for Goodness of Fit. In: *Journal of the American Statistical Association* 46 (1951), March, S. 68–78

[Joe 1997]   JOE, Harry: *Multivariate Models and Dependence Concepts.* Chapman & Hall/CRC, 1997. – ISBN 0412073315

[Li u. a. 2002]   LI, X. ; MIKUSINSKI, P. ; H. SHERWOOD, MD T.: Some integration-by-parts formulas involving 2-copulas. In: *In: Cuadras CM, Fortiana J., RodrŽiguez Lallena JA (eds) Distributions with Given Marginals and Statistical Modelling* (2002), S. 153–159

[Markowitz 1952]   MARKOWITZ, Harry M.: Portfolio Selection. In: *The Journal Of Finance* VII (1952), March, Nr. 1

[Matteis 2001]   MATTEIS, Roberto D.: *Fitting Copulas to Data*, Institute of Mathematics of the University of Zurich, Diplomarbeit, June 2001

122

[McNeil u. a. 2005]   MCNEIL, Alexander J. ; FREY, Rüdiger ; EM-
BRECHTS, Paul: *Quantitative Risk Management*. Princeton University
Press, 2005 (Princeton Series in Finance)

[Nelsen 2006]   NELSEN, Roger B.: *An Introduction to Copulas (Springer
Series in Statistics)*. Bd. Second Edition. Springer, Berlin, 2006. – ISBN
0387286594

[Prause 1997]   PRAUSE, Karsten: Modelling Financial Data Using Generalized Hyperbolic Distributions. In: *FDM Preprint 48* (1997), September.
– University of Freiburg

[Schweizer und Wolff 1981]   SCHWEIZER, B. ; WOLFF, E.: On non-
parametric measures of dependence for random variables. In: *Ann. Statist.*
9 (1981), S. 879–885

[Sklar 1996]   SKLAR, A.: Random variables, distribution functions, and
copulas - a personal look backward and forward. In: *Distributions with
Fixed Marginals and Related Topics* (1996), S. 1–14. – ed. by L. Rüscehn-
dorff, B. Schweizer and M. Taylor

Anhang A

Begriffsbestimmungen und Notation

A.1 Begriffe

Zufallsvariable:

Der Begriff Zufallsvariable wird hier nicht unmittelbar im stochastischen Sinne, sondern vielmehr im statistischen Sinne verwendet. Eine Zufallsvariable beschreibt also die Menge der möglichen Werte, die eine Variable annehmen kann. Diese Menge der möglichen Werte wird durch eine Verteilungsfunktion beschrieben. Die Notation von Zufallsvariablen erfolgt mit Großbuchstaben, während bestimmte Realisationen von Zufallsvariablen mit Kleinbuchstaben notiert werden.

Domäne oder Definitionsbereich:

Der Definitionsbereich oder die Domäne einer Funktion ist die Menge der Zahlen, für welche die Funktion ihre Gültigkeit hat. Der Definitionsbereich für reelle, eindimensionale Zufallsvariablen wäre die Menge $\mathbb{R} = (-\infty, \infty)$ bzw. die erweiterte Menge $\overline{\mathbb{R}} = [-\infty, \infty]$.

Für mehrdimensionale reelle Zufallsvariablen wird die Domäne mit $\overline{\mathbb{R}}^k$ bezeichnet, wobei k für die Anzahl der Dimensionen steht und der Definitionsbereich durch das kartesische Produkt der Mengen $[-\infty, \infty] \times [-\infty, \infty] \times$

... × $[-\infty, \infty]$ definiert wird.

Range oder Bildbereich

Der Bildbereich einer Funktion ist die Menge der Zahlen, welche der Funktionswert annehmen kann. Ist der Bildbereich einer Funktion beispielsweise mit $\mathrm{Ran} F = \mathbf{I}$ gegeben, so kann die Funktion F nur Werte aus dem Intervall $[0, 1]$ als Funktionswert liefern.

Verteilungsfunktion:

Eine Verteilungsfunktion ist eine Funktion F mit der Domäne $\overline{\mathbb{R}}$, sodass F eine monoton steigende Funktion ist und sodass $F(-\infty) = 0$ und $F(\infty) = 1$ ist.

Eine Verteilungsfunktion ordnet somit jeder Realisierung einer Zufallsvariable die Eintrittswahrscheinlichkeit $F(x) = \mathbb{P}\left[X \leq x\right]$ zu.

Dichtefunktion:

Ist die Verteilungsfunktion F differenzierbar, so wird die erste Ableitung der Verteilungsfunktion als Dichtefunktion f bezeichnet.

Erwartungswert:

Der Erwartungswert $\mathbb{E}[X]$ einer Zufallsvariable X mit Verteilungsfunktion F ist das mit den Eintrittswahrscheinlichkeiten gewichtete Mittel der Werte, welche die Zufallsvariable X annehmen kann. Im stetigen Fall ist

$$\mathbb{E}[X] = \int x f(x) dx, \tag{A.1}$$

wobei f die Dichtefunktion der Verteilungsfunktion F darstellt.

Varianz:

Die Varianz $\mathbb{V}[X]$ einer Zufallsvariable X ist das zentrierte zweite Momemt

$$\mathbb{V}[X] = \mathbb{E}\left[(X - \mu)^2\right], \tag{A.2}$$

wobei $\mu = \mathbb{E}[X]$ ist.

Kovarianz:

Die Kovarianz $\mathrm{Cov}[X,Y]$ zweier Zufallsvariablen X und Y ist gegeben mit

$$\mathrm{Cov}[X,Y] = \mathbb{E}\left[(X - \mu_x)(Y - \mu_y)\right], \tag{A.3}$$

wobei $\mu_x = \mathbb{E}[X]$ und $\mu_y = \mathbb{E}[Y]$ ist.

Die Kovarianz kann auch folgendermaßen dargestellt werden:

$$
\begin{aligned}
\mathrm{Cov}[X,Y] &= \mathbb{E}\left[(X - \mu_x)(Y - \mu_y)\right] \\
&= \mathbb{E}\left[XY - Y\mu_x + \mu_x\mu_y - X\mu_y\right] \\
&= \mathbb{E}[XY] - \mu_y\mu_x + \mu_x\mu_y - \mu_x\mu_y \\
&= \mathbb{E}[XY] - \mu_y\mu_x \\
&= \mathbb{E}[XY] - \mathbb{E}[X]\mathbb{E}[Y]
\end{aligned}
$$

Korrelation:

Der Korrelationskoeffizient nach Pearson ist bereits in Gleichung 2.1 definiert worden. Soll die Korrealtion von zwei Zufallsvariablen X und Y aus einer Stichprobe mit jeweils n Beobachtungen berechnet werden, so kann dies durch

$$\rho(X,Y) = \frac{\frac{1}{n-1}\sum_{i=1}^{n}(x_i - \overline{x})(y_i - \overline{y})}{\sigma_x\sigma_y} \tag{A.4}$$

erfolgen, wobei $\overline{x}$ und $\overline{y}$ für das arithmetische Mittel der beiden Stichproben stehen und

$$\sigma_x = \sqrt{\frac{1}{n-1}\sum_{i=1}^{n}(x_i - \overline{x})^2}$$

und

$$\sigma_y = \sqrt{\frac{1}{n-1}\sum_{i=1}^{n}(y_i - \overline{y})^2}$$

sind.

A.2 Symbole und Notationen

Symbol	Bedeutung
$\mathbf{x}$	$(x_1, x_2, \ldots, x_n)$
$\mathbf{X}$	$(X_1, X_2, \ldots, X_n)$
X_i	Zufallsvariable X_i
x_i	Eine bestimmte Realisation der Zufallsvariable X_i
$\mathbb{R}$	Menge der Zahlen $(-\infty, \infty)$
$\overline{\mathbb{R}}$	Menge der Zahlen $[-\infty, \infty]$
$\mathbf{I}$	$[0, 1]$
$\mathbf{I}^k$	k-faches kartesisches Produkt $[0, 1] \times [0, 1] \times \cdots \times [0, 1]$
$F(\mathbf{x})$	Gemeinsame Verteilungsfunktion der Zufallsvariablen $\mathbf{X}$ berechnet an den Punkten $\mathbf{x}$
F_i	(Rand-)Verteilungsfunktion der i-ten Zufallsvariable
f_i	Dichtefunktion der Verteilungsfunktion F_i
$F_i(x_i)$	(Rand-)Verteilungsfunktion der Zufallsvariable X_i berechnet am Punkt x_i
F^{-1}	inverse Funktion von F
$[a, b] \times [c, d]$	kartesisches Produkt der Intervalle $[a, b]$ und $[c, d]$
C	Copula-Funktion
$C_{\mathbf{X}}$	Copula-Funktion der Zufallsvariablen $\mathbf{X}$
c	Dichtefunktion der Copula C
C_l	Untere Fréchet-Höffding Grenze
C_u	Obere Fréchet-Höffding Grenze
$\mathrm{Dom}F$	Definitionsbereich der Funktion F
$\mathrm{Ran}F$	Bildbereich der Funktion F
$\mathbb{1}_A$	Indikatorfunktion des Ereignisse A
$\mathbb{E}(X)$	Erwartungswert der Zufallsvariable X
$\mathbb{V}(X)$	Varianz der Zufallsvariable X
$\mathrm{Cov}(X_1, X_2)$	Kovarianz der Zufallsvariablen X_1 und X_2
$\mathbb{P}[X \leq x]$	Wahrscheinlichkeit, dass die Zufallsvariable X kleiner oder gleich der Realisation x ist

Tabelle A.1: Übersicht zur Notation

Anhang B

20 archimedische Copulae

No.	$\varphi(t)$	$\alpha \in$	λ_L	λ_U
1	$\frac{1}{2}(t^{-\alpha} - 1)$	$[-1,\infty)\backslash\{0\}$	$2^{-\frac{1}{\alpha}}\forall\alpha>0$	0
2	$(1-t)^\alpha$	$[1,\infty)$	0	$2 - 2^{\frac{1}{\alpha}}$
3	$\log\frac{1-\alpha(1-t)}{t}$	$[-1,1)$	0	0
4	$(-\log t)^\alpha$	$[1,\infty)$	0	$2 - 2^{\frac{1}{\alpha}}$
5	$-\log\frac{e^{-\alpha t}-1}{e^{-\alpha}-1}$	$(-\infty,\infty)\backslash\{0\}$	0	0
6	$-\log\left(1-(1-t)^\alpha\right)$	$[1,\infty)$	0	$2 - 2^{\frac{1}{\alpha}}$
7	$-\log\left(\alpha t + (1-\alpha)\right)$	$(0,1]$	0	0
8	$\frac{1-t}{1+(\alpha-1)t}$	$[1,\infty)$	0	0
9	$\log\left(1-\alpha\log t\right)$	$(0,1]$	0	0
10	$\log\left(2t^{-\alpha}-1\right)$	$(0,1]$	0	0
11	$\log\left(2-t^\alpha\right)$	$(0,\frac{1}{2}]$	0	0
12	$\left(\frac{1}{t}-1\right)^\alpha$	$[1,\infty)$	$2^{-\frac{1}{\alpha}}$	$2 - 2^{\frac{1}{\alpha}}$
13	$(1-\log t)^\alpha - 1$	$(0,\infty)$	0	0
14	$\left(t^{\frac{-1}{\alpha}} - 1\right)^\alpha$	$[1,\infty)$	$\frac{1}{2}$	$2 - 2^{\frac{1}{\alpha}}$
15	$\left(1-t^{\frac{1}{\alpha}}\right)^\alpha$	$[1,\infty)$	0	$2 - 2^{\frac{1}{\alpha}}$
16	$\left(\frac{\alpha}{t}+1\right)(1-t)$	$[0,\infty)$	$\frac{1}{2}$	0
17	$-\log\frac{(1+t)^{-\alpha}-1}{2^{-\alpha}-1}$	$(-\infty,\infty)\backslash\{0\}$	0	0
18	$\exp\left(\frac{\alpha}{t-1}\right)$	$[2,\infty)$	0	1
19	$\exp\left(\frac{\alpha}{t}\right) - e^\alpha$	$[0,\infty)$	1	0
20	$\exp\left(t^{-\alpha}\right) - e$	$(0,\infty)$	1	0